靈性療癒的祕密
覺察振動療法

應用量子導引，有效治癒身體與心理的病痛

The Secret of Instant Healing

法蘭克・金斯洛（Frank J. Kinslow）/ 著

李明芝 / 譯

健康smile 102

靈性療癒的祕密·覺察振動療法

應用量子導引，有效治癒身體與心理的病痛

The Secret of Instant Healing

原書作者　法蘭克·金斯洛（Frank J. Kinslow）
譯　　者　李明芝
特約編輯　王舒儀
封面設計　柯俊仰
特約美編　顏麟驊
主　　編　劉信宏
總 編 輯　林許文二

出　　版　柿子文化事業有限公司
地　　址　11677臺北市羅斯福路五段158號2樓
業務專線　（02）89314903#15
讀者專線　（02）89314903#9
傳　　真　（02）29319207
郵撥帳號　19822651柿子文化事業有限公司
投稿信箱　editor@persimmonbooks.com.tw
服務信箱　service@persimmonbooks.com.tw

業務行政　鄭淑娟、陳顯中

首版一刷　2024年1月
定　　價　新臺幣399元
I S B N　978-626-7408-06-3

歡迎走進柿子文化網 https:// persimmonbooks.com.tw
粉絲團：60秒看新世界
～柿子在秋天火紅 文化在書中成熟～

國家圖書館出版品預行編目(CIP)資料

靈性療癒的祕密·覺察 振動療法：應用量子導引，有效治癒身體與心理的病痛／法蘭克·金斯洛（Frank J. Kinslow）著；李明芝譯. -- 初版. -- 臺北市：柿子文化事業有限公司, 2024.1
面；　公分. --（健康smile；102）
譯自：The secret of instant healing
ISBN 978-626-7408-06-3（平裝）
1. CST：心理治療 2. CST：心理衛生 3. CST：身心關係
178.8　　112020103

信念不會改變世界，覺察才會！

推薦序

一本值得深入體驗的療癒寶典

與其說這是一本療癒相關的書籍，倒不如把它視為一部闡述真理及其「體、相、用」的珍貴寶典。

光是一句「一切有形之事物皆源於無形的純粹覺察」，就已足夠振聾發聵了！況且大道至簡，本書除了以若干篇幅揭露之所以「能夠」「即刻」療癒的「祕密」外，真正著墨於實際運用的一些「方便」法門（練習），卻顯得極為精簡——不僅不再使用傳統能量醫學關於脈輪精微能場、宇宙能、心靈能量等理論，也不再創造舉凡唱頌、觀想、手勢、呼吸等複雜儀式，更未牽扯上帝、天使等追溯古文明的諸多意識形態與圖騰。

作者先為讀者加強對於時空架構及其運行法則的了解程度，再以直指人心、洞澈真理的「純粹意識」來協助自我「回歸」意識（神性）之海，於覺察事物本源同時，讓意念所關注的問題，諸如疾病、故障、阻礙、匱乏等（創造物）得以消失。

書中一再提及幸福感這樣一個平凡普及的名詞，不但揭示生命在數理科學闡述的零點場和量子非侷域時空當中，所能感受的存在性、平和、放鬆和快樂，亦蘊含各類宗教修持的至高境界：寧靜、全備的信、臣服、至福或狂喜……

跟任何已知療法相較，「覺察振動療法」無須去探索或被告知疾病或事物失常的原因、過程和預後，只要心識回歸純粹覺察的空性之海，原本就等著療癒的零點場能就自然發揮作用。如同作者強調的：除了專注自我覺察，其餘什麼都沒做，心智間的空隙（純粹性）就會揭露出來，療癒就自動產生並完成。

為了驗證此神奇性，了解原理後，我立即找到身旁一位背部長滿痘疤的小孩按步驟進行療癒，十年未癒的皮膚問題於隔天就捎來近七成好轉的喜訊。更意外的是，誠如書中所言，此療法的經驗之美處，乃同時治癒了發起者和伙伴對象——在實踐過程，我清晰覺察到細胞竟主動與我的意識在進行溝通，讓我透過心靈之眼瞧見最初痘疤形成的起始源頭——即使我完全沒有意圖去知道這些……

隨著覺察振動療法的實踐，不但對方的問題減除了，我自己的覺察力也大幅提升，這自然得感謝出版社與編輯群對推展此大作的努力，也期待讀者共同來體驗與分享！

張文韜／中華生命電磁科學學會理事

覺察——是解答「我是誰」的唯一之路

作者法蘭克．金斯洛博士研究和教授療癒技術已超過五十年，它是整脊醫師、聾人教師，以及臨床心靈諮商博士，此次受出版社邀請為這本書寫推薦序是我莫大的榮幸。

在閱讀書稿的同時，從中時常得到共鳴與欣喜，因為我跟作者不論在人生經歷與誕生覺察振動療法的過程，有著許多相似之處，而且非以醫療為主軸，而是以「覺察」為主調。

就讓不是醫學專業背景的我，以我從事二十年的身心靈教學及個案引導實作經驗，可以不踰矩作者的專業領域來著筆。

舉例來說，作者引用了改編自佛教裡的一個故事：

因為室內光線昏暗，把一綑繩索誤以為是蛇，內心因產生恐懼而發動了「戰或逃」的心理機制。這一點，跟我在課程裡所提到，當潛意識裡的負面印記被觸發時，就會發動戰逃機制是同樣的模式。

還有，作者提到心智的自動駕駛模式，跟我所提的自動導航意識等等，也幾乎是不謀而合。

書中作者不斷提到了一個詞——「覺察」，也是覺察振動療法的主核心。

量子在雙縫實驗裡，發現光子是波也是粒子，而且「意識的觀察」會讓波函數塌陷，決定了它會以什麼模樣運動，科學家給了這種不可思議的現象取了一個名字叫「波粒二象性」。

而作者以「能量和秩序（形式）」的詞句來形容波粒二象性，還提到思想離它的源頭愈遠，會變得愈來愈弱，很容易扭曲。而「純粹覺察」不是振動，是振動的源頭，因此沒有必要診斷問題，療癒是逐漸覺察所產生的副作用。

除此之外，金斯洛博士還提到疾病本身是能量振動的秩序失序了，因為心念朝向破壞性干涉而造成疾病，若能透過覺察產生建設性干涉，讓能量振動恢復秩序，自然就會恢復健康，對於金斯洛博士的這個觀點，我真心認為這不是個假設，而是「真相」！

書裡前半部提到許多非常棒且極具科學性的觀點，來說明覺察的真實性與力量，非常的精彩，我自己非常喜歡書中的內容，這本書裡的方法不同於你所知道的各種療法，非常值得反覆閱讀。

陳嘉堡／「量子轉念引導技術系統課程」創辦人、
《量子轉念的效應》書籍系列作者

活在純粹覺察裡，就有所得

這是一本用字很簡單的書，但也是一本很深奧的書。

本書通篇都在講「覺察」，可是，大家會問什麼是覺察？要如何做到覺察？有何效果？覺察二字似乎非常虛玄。書中的概念或許會讓許多人感覺懵懂，但探究其內在精神核心，確有其無以言傳的意義，所以，我說這是一本很深奧的書。

進入二十一世紀，加上二〇二二年諾貝爾物理獎頒給三位研究「量子糾纏」的學者，讓科學界都體會愛因斯坦在一百年前所說「萬物皆是能量」是正確的，所有的神祕現象（怪力亂神）都可以用量子糾纏來解釋，因為萬物最基本的受造形式就是「波」，就是「振動」，所以會有心電感應，會有遠距療癒，會有跳大神治病……這些都不是迷信。

多年來，我自己就有多次相同的療癒經驗，如今看到這本書，才知道作者稱其為覺察振動療法，名稱還真是取得不錯。事實上，我們的身體不能只用物質肉體來看待，以電腦觀念來比喻，身體只是硬體，沒有灌入軟體（靈魂）的硬體是不能運作的，所以人人必須覺察完整的人體是身體、心智與靈魂的集合體。

覺察或許可以用佛法的「觀」來體會，正如「練習四：純粹覺察技術」中，不止觀肉體，還要觀心智、觀靈魂、觀地球、觀群星、觀宇宙……觀那個覺察，最後來到佛家所言的「止觀」，有所覺察之後，活在當下就是活在純粹覺察裡，相信就能有所得。

呂應鐘／國際華人超心理學會理事長

發現簡單的平靜之道

法蘭克・金斯洛第一次體驗到內心的和平感受，是小時候住在日本期間所發生的事。當時的金斯洛參加了柔道訓練，但在練習中經常受挫而感到沮喪。有一次，他的老師教了他一種以心治物的技巧，這不僅消除了他的自我憤怒與內在沮喪，更讓他滿心充滿了愉悅。

這對金斯洛來說是一次非凡的經歷，讓他明白，生命除了艱苦、具體存在、關注外在世界的生活外，還有一些自身內在東西，那是他與生俱來的天賦本能。

從那時候起，他花了幾十年的時間研究練習，試圖發現更多。成年後，他每天會在為工作和家庭付出心力之餘，進行兩個半小時的冥想練習，並獨自外出到偏遠之地靜修幾個月。

另外，他還探索了催眠術、揚升大師（Ascended masters，是神智學提出的一類精神體，原本是一般的人類，但透過一系列儀式轉變後，在靈性層面上獲得神性的智慧與支持，而成為的一種精神形態，存在於「第六度空間」）和替代療法等靈性療癒方法，並透過研討會，向其他人傳授他所學到的知識，將這些方法融入到他的脊椎按摩療癒工作中。

***

然而，在他六十多歲時，他發現自己陷入了絕望，無法從自己長期修練的修行中獲得任何持久的利益。在短短的幾年裡，他失去或放棄了幾乎所有的一切——婚姻、家庭、朋友和事業，並從密西根搬到佛羅里達重新開始。

當時的他，疾病加身，孤單一人，負債累累，剛被解僱，不知道下一步該做什麼，但也就在那時候，他以一種方式改變了一切，恢復了內心的平靜。當時的法蘭克・金斯洛坐在沙發上，擔心著接下來要做什麼、要住在哪裡……諸多讓他苦惱的事情，但突然間他意識到：

「經過三十五年的哲學研究，我竟在這裡擔心著金錢的事！我知道做什麼都沒有用，所以我坐在那裡，嘗試著想用其他不同的方法，尋求一些緩解。

當我坐著時，我感覺到宇宙中沒有任何東西在移動——不僅沒有任何東西在工作，而且是沒有任何東西在移動！我意識到無處可去，也無事可做……所以我什麼也沒做。之前，我心裡一直經歷著巨大的恐懼和焦慮，但現在，我只是看著它們來來去去，而每次意識回來後，恐懼與焦慮都會減弱一些。」

他坐了三天，直到最後，他的恐懼和焦慮被喜悅、平安和愛取代。這段時間，除了專注地覺察自己的思想外，他什麼也沒做，卻發現自己處於幸福的狀態，而這就是過去幾十年來他所探索和行動的答案。

一如金斯洛在書中說的：「一切有形的東西都出自於無形的純粹覺察。」這種「覺察」，使他的感知發生了轉變，透過這種轉變，他不再對思想、情緒或外在事件做出反應，而是可以保持覺察者的身分，讓一切自然而然地發生。

他說：「這是真正的自我。」金斯洛的意思是，每個人在生活中所建立的個人身分背後，是永恆不變的「真我」，只因為我們面對生活的種種狀況，基於條件反射、經驗和學習，所以建立了一套制式化的信念、習慣和思想。

***

覺察振動就是在「轉變」我們的思想，將我們的意識從思想上轉向這一切背後之覺察者的動靜。

一旦切換到覺察者狀態，它將會帶來金斯洛所說的「安樂感」（Eufeelings），也就是快樂、寧靜、存在、和平、寬慰或放鬆等感覺，這些感覺是真實自我的反映，其所引發的情緒可能是輕微的，也可能是強烈的，但無論是哪種方式，當我們坐下來覺察自己的想法時，即使一次只進行幾分鐘，也能讓我們的意識回歸到那種感覺（純粹意識），而這會讓我們進入一種支持身體復原、情緒健康的休息狀態。

對此，法蘭克．金斯洛解釋道：

「這種意識狀態始終存在，即使我們沒有意識到。不過，這不是覺察振動的問題，而是人性的問題，我只是給它起了一個奇怪的名字。遇到狀況時，大多數人都想藉著做點事來放鬆一下，但在覺察振動中，我們只是保持與安樂感——也就是已經存在的快樂——的聯繫。

下次當你想做某件事時，只需要意識到你的安樂感，並且去覺察它即可；只要感受著，即使覺得不舒服，也是人之常情。例如，如果你覺察到它時，悲傷會感覺美麗而甜蜜，然後悲傷就消失了，一切就結束了……」

***

覺察振動拋棄了所有的教條，讓我們回歸生命的自然流動。

金斯洛說明了，對每個人來說，這是毫不費力、容易、與生俱來的實踐方法，即使每天只做幾分鐘，也能更輕鬆、更頻繁、更自然地回到覺察者狀態。

這個實踐方法很容易，任何人都可以自學。自從金斯洛自己開始實行以來，他的生活發生了巨大的變化，他的健康恢復了，他的債務已還清，而且他再婚了，他與孩子們的聯繫也更加緊密（這是實踐覺察振動所帶來的另一種結果），他體驗到了長期以來所尋求的快樂與平靜。透過保持清醒的狀態，他不再被自己翻騰的思緒所左右，也不再試圖修復、改變、改善或堅持自己認為的生活。

他擺脫了這種控制所帶來的情感糾葛，將生活所帶來的情況視為一種情境，而不是問題，並提供自然展開的解決方案。

「自我意識是從試圖修復你的世界到完全接受它的轉變，而和平寧靜就存在於當下。當你專注於現在時，未來就會自然而然地發生。」

（本文參考整理自作者網站與網路上其他資訊）

自序

如果我跟你說只要察覺到自己的問題，你就能解決它，你的感覺是如何？

或許你會說：「那是當然的。我察覺到問題，然後採取步驟來糾正問題，那有什麼特別的呢？」

這幾乎就是人生開展的方式，不是嗎？

但我要談的不是這個。

如果你在一開始察覺到問題，自己無須付出更多努力，僅僅只是覺察（awareness，指有意識的察覺），就能執行修復，那又會是如何呢？

這樣有沒有很特別？當然特別！這才是我現在要談的內容。

如果你以完全正確的方式察覺到膝蓋關節炎、消化不良、頭痛、憤怒或恐懼、關係破裂，或是丟掉工作，覺察的組織天賦將會修復損壞之處。這已經不只是特別，而是令人驚嘆的事。

這是一種能以想像不到的方式，改變你的人生、以至於改變整個地球的技巧。這是一種擁抱生命的方法，能使我們居住的世界更柔和、更有生氣，搖身一變成為我們夢想的世界。

簡單地說，開始察覺到覺察的療癒和組織之力，便解答了從我們首度以雙腳站立、猛地發展成人類之姿後，一直煩擾我們的問題。

看似我好像過度誇大了覺察在調和生活與本有智慧中所扮演的角色，但其實我沒有。你只需花幾分鐘，就能發現我的主張有多準確。

這本書雖然輕薄短小，卻能施展驚天潛力。而你無須全盤接受我說的話，完全不必。我提供給你的是，任何人都做得到、科學上可再現的過程。你需要的，只有覺察。

你覺察了嗎？你是否有意識地在閱讀這些文字？你知不知道自己正坐著，還是站著？你知不知道此時此刻自己正在想些什麼？然後這樣就解決了。

你可以學習簡單的步驟，精煉你的覺察能力，並且療癒你的身心，你也可以學習如何療癒他人的身體和心智。此外，藉助朋友的一點點幫忙，你就可以轉化地球上全人類的苦惱不幸了。

準備好了嗎？你是否有種期待感，一種即將發現某種能力的感受呢？在這本簡單的書裡，你將發掘屬於自己的旅程。一旦你讀過，你會透過自己做出的行動了解它的衝擊力，剩下的就很容易了，你只需要翻閱下去，就能永遠地改變你的人生。

目錄 CONTENTS

第一章

起始

只要你愛得足夠，任何事物都無法藏起自身祕密……
我在默默與人交流時發現了這點，只要你夠愛他們，
他們也不會向你隱藏祕密。

——喬治·華盛頓

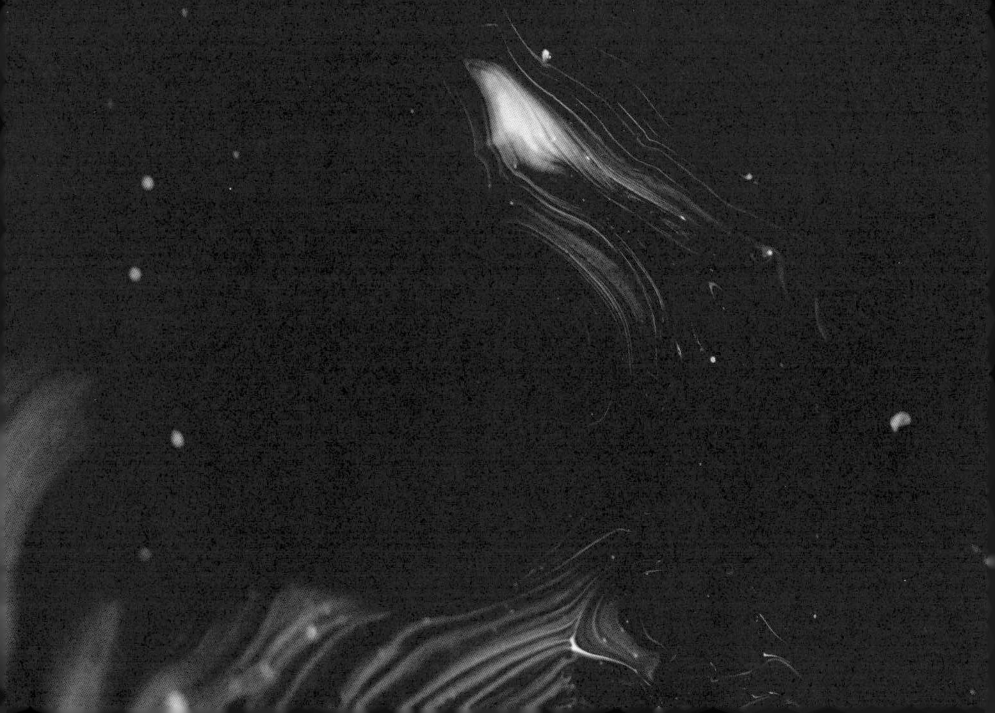

有個微細的祕密正等著你發覺，它比你的下一次呼吸還貼近，也比你的下一次心跳更至關重要。

一旦你牢牢攫住它，你的人生將會顯現出如何也想像不到的奇蹟。它是健康、喜悅與平和的關鍵，就在你閱讀這字裡行間時，它正在作用。但這個祕密並沒有向你隱藏起來，它沒有藏身在古老神殿的隱蔽深處、那晦澀羊皮紙符號裡，它就近在你的眼前。

這本書將揭開這個祕密，讓你明瞭如何攫取它的奧祕，來豐富你的人生，也讓你的家人、朋友，甚至寵物的生活更加多彩。

在接下來的內容，你將獲悉如何療癒身體、心智和靈魂，而且輕而易舉便能做到，如同觀看夕陽般不費吹灰之力。

這個在你眼前展開的科學程序很容易理解，每個人都可以輕鬆學習應用，它如同祕密本身一樣簡單，也絕對一樣的強大有力。

我建議你不要跳著看這本書，而是一頁接著一頁細細閱讀。如此一來，祕密才能在你的意識中找到安身之處。

所以，請花點時間進行書中提到的每個練習。

你將學習新的技巧，而讓新技巧成為第二天性則需要一些練習。這些練習並不困難，事實上，它們不但令人愉快，還能滋養身心，並且使人生氣勃勃。因此，無論你多麼熱切地想要開始創造奇蹟，還請你花點時間打好基礎。誠如某位智者所說：「好的開始是成功的一半。」

在這一路的跋涉中，首先你將理解「覺察」是什麼，以及可以在哪裡找到它。接著，你會直接跟祕密本尊面對面，像個老友般擁抱它。最後，你將得知如何用它來療癒你的身體、協調你的情緒和磨礪你的心智，以便創造更豐饒、高效且充滿喜樂的人生。

當然，你也能夠與他人分享你的知識，甚至進而療癒並躍動他們的人生。

這個祕密沒有向你隱藏起來，它沒有藏身在古老神殿的隱蔽深處、那晦澀羊皮紙符號裡，它就近在你的眼前。

第二章

揭開祕密

生命的終極價值取決於覺察和沉思的力量，而非僅止於生存。

——亞里斯．多德

我想問你一個簡單的問題。了解這個問題的答案，將可能永遠地改變你的人生，所以請透徹地想一想，然後繼續閱讀下去。

這個問題是：

你這一生中最重要的是什麼？

你想到了什麼呢？健康？家庭？心智？工作？還是冰淇淋？我對這個問題的回答是——覺察。

沒有了覺察，你將一無所有。少了它，你無法愛你的伴侶和孩子，無法好好地工作，就連在街邊的咖啡館啜飲咖啡都辦不到。實際上，無論從哪方面來看，沒有了覺察，你也就不存在了。

覺察不是你的心智。**如果你的心智是顆燈泡，那麼，覺察便是讓燈泡亮起來的**

電流。心智中的覺察反映若是遲鈍沉悶，就會造成混淆、誤解，最終甚至是苦難。有了被覺察點亮的心智，所帶來的是平靜的心與當下的專注。而它所表現出來的，是讓人安心自在的平和溫柔。如果你能夠把覺察視為自己「內在的光」，你就更能理解它不可或缺的重要性。

覺察決定生活的品質

覺察的品質決定了生活的品質。所以，保持覺察的鮮活清醒，是一件極其重要的事。

假設你正坐在一個全然黑暗的房間，身旁有一扇窗戶。此時正值黎明前，光線才剛剛照射進房間，你低頭，看見腳邊有個難以辨識的形體。你著迷般繼續盯著，而隨著房間一點一點地變亮，你開始愈來愈清晰地看見那個東西。

你意識到那個東西是一條盤繞的蛇，隨時準備發動攻擊。

突然間，你感到萬分恐懼，懼怕得一動也不能動。你的心智不斷激發狂亂的念頭：「這條蛇有毒嗎？如果我稍微動一下，牠會攻擊我嗎？如果我被咬了，該怎麼求救呢？」

你紋風不動地坐著，隨著光線持續一點一點地照亮房間，你注意到，不知何故，這條蛇還沒有發動攻擊，於是你開始放鬆，思緒也愈來愈清晰。你的心智快速複習逃跑的過程，然而，你的身體依舊僵硬、動彈不得。

終於，太陽冒出了地平線，第一道光穿透窗戶，照射進房間，滿室充滿金黃色的細緻光芒。這道光線猶如暗夜中的閃電般明亮，於是你發現，那條蛇實際上是一捆繩索。

一旦你感到恐懼，你的心智會先僵住，然後震驚煩亂，念頭就像碎玻璃般灑滿一地。期間，你緊張的身體不斷把壓力荷爾蒙打進血液裡，準備好要大戰一場。在這短短時刻中，你可能就老了幾個月，為什麼？因為你察覺到根本不存在的威脅。

覺察的品質決定了生活的品質。

我們可以將受損的覺察等同於黑暗，工作過量、缺乏運動、不良飲食、亂服藥物、過量飲酒、憤怒、貪婪和悲傷，它們全都會以一種看似不具威脅性的方式，挫傷意識，損害我們看待世界的能力。

然而，我們的生活中處處充滿著知覺到的威脅，其中有財務的蛇、工作的蛇、家庭的蛇等等。就連開車去看電影或到海邊這樣令人愉快的事，都有可能被塞車壞了好興致，導致血壓飆升和脾氣爆發。可以說，我們身處在可知覺到隨處都有蛇的「戰或逃」世代。

如何扭轉知覺

我們該如何改變這些知覺呢？我們該如何享受白日的充足光線，仔細看清那些蛇不過是一捆毫無威脅性的繩索？

是的，我們只需要開始變得更能覺察。

覺察就像是陽光，它點亮了情緒，並照耀了心智，晦暗的心智和渾濁的情緒則是覺察的不良反射。

我們的覺察可為知覺添油加柴，而純粹覺察絕不會受繩索愚弄。

我們身處在可知覺到隨處都有蛇的「戰或逃」世代。

多數時間我們的心智都處於自動駕駛模式。源源不絕的心理叨念，是想法脫韁的絕佳例子。現今太普遍而被視為正常的過度活躍的大腦，不僅浪費了大量的精力，還不停地帶給我們麻煩。其他的症狀包括擔憂未來或沉湎過去；感到厭煩、挫敗、憤怒、焦慮或恐懼……這些全都是看起來像蛇的繩索。駑鈍的覺察，使我們的世界成為可怕的地方。

覺察隨時隨地都在，只是我們沒有注意到它，我知道這聽起來可能很古怪，但我說的是真的。我們通常被構成日常生活的人們、想法和「雜物」佔據心思。我們察覺到這些事，但我們察覺到覺察嗎？通常沒有。如果純粹覺察走上前跟我們握手，我們多數人都不會認得它……

但這即將發生改變。

覺察隨時隨地都在，只是我們沒有注意到它。

等一等。就這樣嗎？這就是所謂的祕密嗎？覺察!?

此時此刻你大概覺得有一點點失望，如果我以為，只要發現「少了覺察會發生什麼事」就能擁有宇宙的祕密，我也會感到失望。

或許你也不太清楚我到底在說什麼，這是因為你在腦海中捕捉不到純粹覺察，你無法為它拍張照。覺察不是東西、概念或情緒，因此，如果你想用心智來認識覺察，結果可能會很令人沮喪。覺察沒有實體，你無法抓住它並像榔頭一樣使用它，然而，一旦你親身體驗過——事實上，應該稱之為「非經驗的」——純粹覺察，這一切都將變得完全合情合理。

此刻如果你感到困惑，不用擔心，你無須徹底了解覺察的一切，就能讓它在你的生命中創造奇蹟。

話雖如此，若能或多或少懂得覺察，以此向他人解釋為什麼他們能感到如此美妙、如此迅速，也是很有價值的事。過不久你會發現，你將創造奇蹟並享受愉悅時光，因為純粹覺察對你而言就像呼吸一樣自然。

OK，你準備好用這一小本書學一學了嗎？好的，出發！

你無須徹底了解覺察的一切，就能讓它在你的生命中創造奇蹟。

第三章

覺察和宇宙

一個人密切關注任何事物的那一刻，即便是一葉小草，自身都會成為一個神祕、絕妙精彩、無以名狀的宏偉世界。

——亨利·米勒

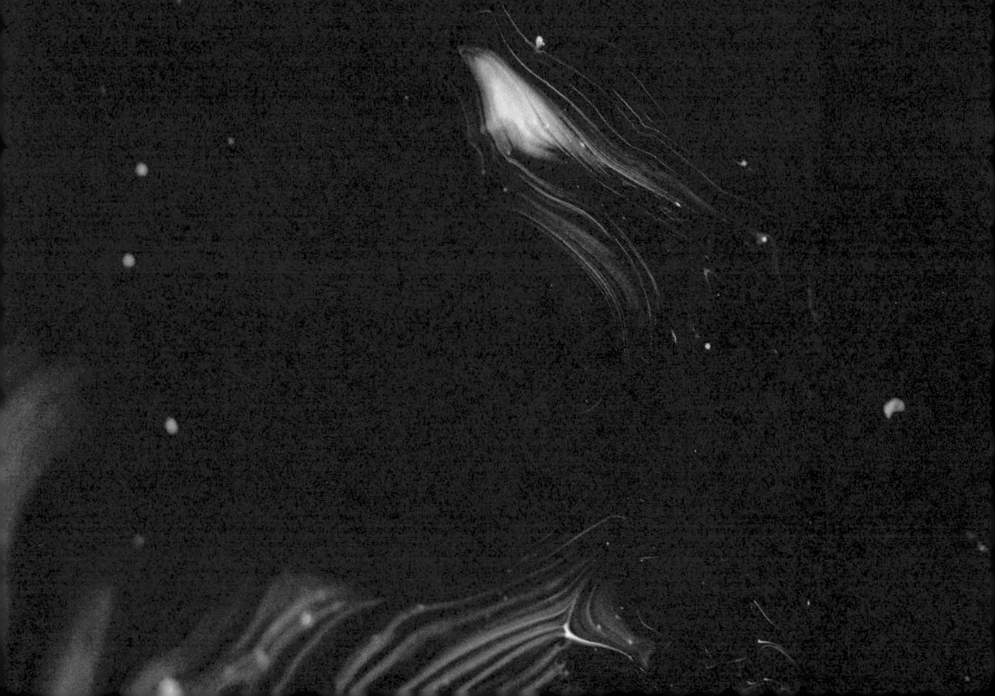

請看看左頁的圖一：物質模型。首先注意下方那條水平線，這條線代表了受造物的現象世界與創造它們的「無物」（no-thing）之間的區別。在這條線之上是無窮無盡的創造物，之下則是純粹覺察無邊無際的居所。

認識純粹覺察

純粹覺察沒有形體，意思是它並不具有我們的心智可以辨認的邊界。**我們的心智是思想和情緒的容器，只能處理那些憑藉不同形式來識別的東西**。我們透過感官，與物質世界保持聯繫，我們可以藉由差異，區分貝果和牛蛙，這樣看起來或許過於簡單，但我們大腦的工作就是用來辨認各式各樣的形狀，標記並加以分類，然後使用它們，或將它們歸檔以便未來使用。

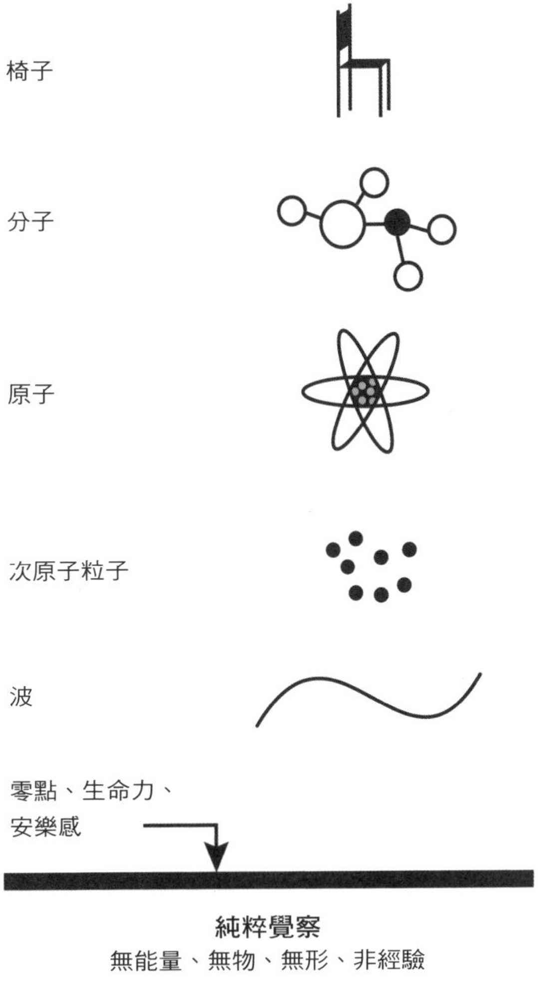
椅子
分子
原子
次原子粒子
波
零點、生命力、
安樂感
純粹覺察
無能量、無物、無形、非經驗

圖1　物質模型

完成這整個過程的是思想，也就是形式。思想和情緒是心理形式，概念、信念、希望和哲學是圍繞中心主題而成的聚集，就像椅子是圍繞支撐你坐姿這個概念的分子聚集。

思想不像物質性客體那樣實際有形，但它們依然是客體。重點在於，宇宙間的一切都是個別且獨特的，每個客體都因其獨特的形式而有分別和被識別。

在圖中的水平線之下，你會發現純粹覺察沒有形式，可以把它想成將要寫上一些字句的一頁白紙。

覺察沒有形式、沒有邊際、沒有差別，而且純粹。它是獨一無二的。

正因為純粹覺察沒有形式，所以無法用你的心智來認識，無論你多努力嘗試，你都無法理解覺察。

你也無法控制或操弄覺察。它不是以事物存在，因此就你的心智而言它並不存在，但它確實存在。

既然如此，我們面前就有一項任務。我們必須找到這沒有形式或實質的某樣東西。接著，我們必須比了解自身心智更深入地去懂得這「空無」。最後，我們必須使用這無法使用的非力（non-force），來療癒自己和他人。

你是否開始意識到這種知識為什麼是個祕密？

這個祕密之所以存在，是因為我們活在我們的心智裡，察覺不到覺察。儘管一生的經驗與此相反，但我們卻仍相信心智告訴我們的：恆久的喜悅、平和與愛是來自於事物。

儘管一生的經驗與此相反，但我們卻仍相信心智告訴我們的：恆久的喜悅、平和與愛是來自於事物。

我們一次又一次地落入老掉牙的詭計。而當心智告訴我們沒有實物就沒有價值，我們也相信了。然而，它確實有價值。

純粹覺察沒有邊界，因此沒有任何東西、事物可以改變覺察。這種「沒有東西、事物」會持續到永久，而其他所有的事物——亦即所有創造物——都會改變，最終都將不再存在。

受造界域唯一不變的是改變。事物被創造出來的那一刻，就開啟了它的滅絕之旅。純粹覺察未曾改變，也絕不消逝。這是一個愛不消散且平和無限的領域。

現在，重點來了。**一切有形的事物都出自於無形的純粹覺察**。請別問我過程為何，事情就是如此，純粹覺察的子宮結成了創造物的網。量子物理已經發現純粹覺察的界域——至少是在理論上。同代中最重要的理論物理學家之一戴維·玻姆（David Bohm）即確認了「無界整體」（unbounded whole），其中包含隱秩序（implicate order）。

秩序和能量

不要將此跟零點場或量子態（粒子或客體的最低能量狀態）混為一談，玻姆指的是完全沒有能量。簡單地說，這種「場」包含靜待成為形式或能量的創造物的「東西」。因此，玻姆告訴我們的是，萬物盡是從無到有。他的教導（我在此稍做歸納跳躍）是，創造物源於純粹覺察的空無——稍後在你學習如何停止思考，然後觀看你的想法從無到有再次具體化時，你將實際體驗到這點。現在，讓我們回頭看看水平線上方的現象創造物。

被創造出來的萬物皆表達了兩種性質：**秩序和能量**。就拿你坐的椅子來說明這個論點。你所謂的椅子，實際上是椅子形式的能量。我們之所以知道它展現出能量，是因為你的椅子將你的臀部支撐在半空之中。在能量－秩序等式中，秩序是由椅子的形狀來表達。

因此，無論我們指稱的是星星或原子、變形蟲或斑馬，都不重要，萬物都是能量和形式。

純粹覺察的子宮結成創造物的網。

最基本的受造形式是波。就在波之前，也緊接在創造階層的純粹覺察之後，你會找到零點場或量子態。我為熟悉量子物理且希望更充分領會我的立場的那些人，添加了這點花絮。然而，倘若你感興趣的是療癒科學，那最基本的創造層級通常指的是生命力：為有機存在注入生氣的東西。

波是無限的，無止境地延伸。波交疊之處創造了次原子粒子。當粒子變得更緻密，它們就會成為原子。原子聚在一起形成分子，而分子則排列成物理形式，像是椅子、花朵和汽車。

創造出來的萬物皆表達了兩種性質：秩序和能量。

在我們的能量－秩序階層中，東西的秩序愈有形，表達的能量就愈低。相較於次原子粒子，你的椅子非常結實。次原子粒子是狡猾的小傢伙，即使你知道一個次原子粒子的確切位置，你依然不知道它會往哪個方向移動或動得多快。同樣的，即使你測到它的確切速度，你還是無法找到它。

我的孩子在做家務活時，就像青春期的次原子粒子，如果他們在動作（完成家務的必要性質），你無法找到他們。而在他們停止動作時，就算你可以定義他們的確切位置（電視機前的沙發上），你還是無法讓他們動起來。

回頭想想，我的孩子精通多少物理學概念啊——包括慣性、熵，尤其是海森堡測不準原理（Heisenberg's uncertainty principle）——真是太令人驚奇。我實在是太感謝他們了。

探尋能量的源頭

好啦，現在該回到能量和物質的概念。層級愈微細的創造物，便包含愈多的能量。在目前的物質層級，你正坐著的椅子的能量，支撐著你的體重，而在椅子的更微細分子層級，我們會發現更多可用的能量。如果我們重新安排它的分子，比如說放一把火燒掉，我們就能以光和熱的形式，釋放出大量的能量。如果希望從椅子中釋放更多能量，我們可以進入原子層級。如果我們知道如何讓椅子的原子分裂，便能以許多形式釋放巨大的能量。我不知道有什麼作用可以駕馭次原子粒子的力量，但我確實知道可以利用微細波能量的技術。這是能量治療師會共同遵循的做法，我們將在學習如何不用能量進行治療的過程中，探索這項非常有趣的工作。

層級愈微細的創造物，便包含愈多的能量。

我想問你一個問題：你的腦袋裡是否曾經什麼念頭都沒有？

我想是不曾有過。關於「想法」我們能說的是，打從出生直到死亡，想法隨時隨地都在。如果思想是能量，而我們永遠不會耗盡，那麼照道理來說，思想的源頭便是取之不盡、用之不竭的能量來源。同樣合理地推論，我們若是能夠直接挖掘思想的源頭，就可能大大地受益。

事實證明，發現思想的源頭，對於身體病痛、個人關係、財務成功、情緒調適，甚至還有你的感情生活，都有明確且壓倒性的正向療癒作用。只要你開始覺察生活的方方面面從何處開始，一切都將出現絕妙的轉變。而純粹覺察也將成為你一輩子的好同伴。

如果思想是能量，而我們永遠不會耗盡，那麼照道理來說，思想的源頭便是取之不盡、用之不竭的能量來源。

我們剛剛發現，物質世界裡的層級愈細緻，產生的能量愈多。然而，這一切的能量從何而來？到目前為止，我們知道它出自純粹覺察。根據定義，創造物是能量以某種有組織或有秩序的方式運作。我們在此需要了解一個重點：純粹覺察是能量的來源，而不是能量。這意味著純粹覺察不會移動，它有創造的潛力，只是還沒有完成。純粹覺察也沒有形式。你可以說，純粹覺察是等著表現自身的完美。

純粹覺察是能量的來源，而不是能量。

此刻你或許在思考，這樣的它要往哪兒去？我很高興你問了這個問題。如果你只希望在生活的相關領域輕快遊玩，請務必玩得痛快。但如果你想要最大的力量和最完美的秩序，你就必須接觸一切知識的源頭：純粹覺察。市面上有成千上萬的療癒樣式，觸及生活的各個層次。按摩等肌體療法和整脊治療的成效在於身體層次；草藥和藥物能在分子層次起作用；針灸和能量治療影響的是精微能量波。只不過，這些治療形式全都不是為了直接從創造的源頭汲取而設計。

本書教導你的是出自覺察的療癒科學，我將這個過程稱為覺察振動療法（Quantum Entrainment）。請記住，純粹覺察是能量和秩序的源頭。

當你執行覺察振動療法時，你汲取的是手邊最純粹、最有力的存在。當你使用覺察振動療法時，進行治療的不是你，而是覺察。更重要的是，你會跟著你幫助的人一起得到療癒。這可真是不得了的雙贏關係！

第四章

心智和思想

問題是：你能否開始察覺到想法的反射特性——它就是一種反射……或許應該說，只要反射可以無拘無束地變化，必定會有某種智能或知覺，亦即某種稍稍超越反射的東西能夠領會它是否連貫。

——戴維・玻姆

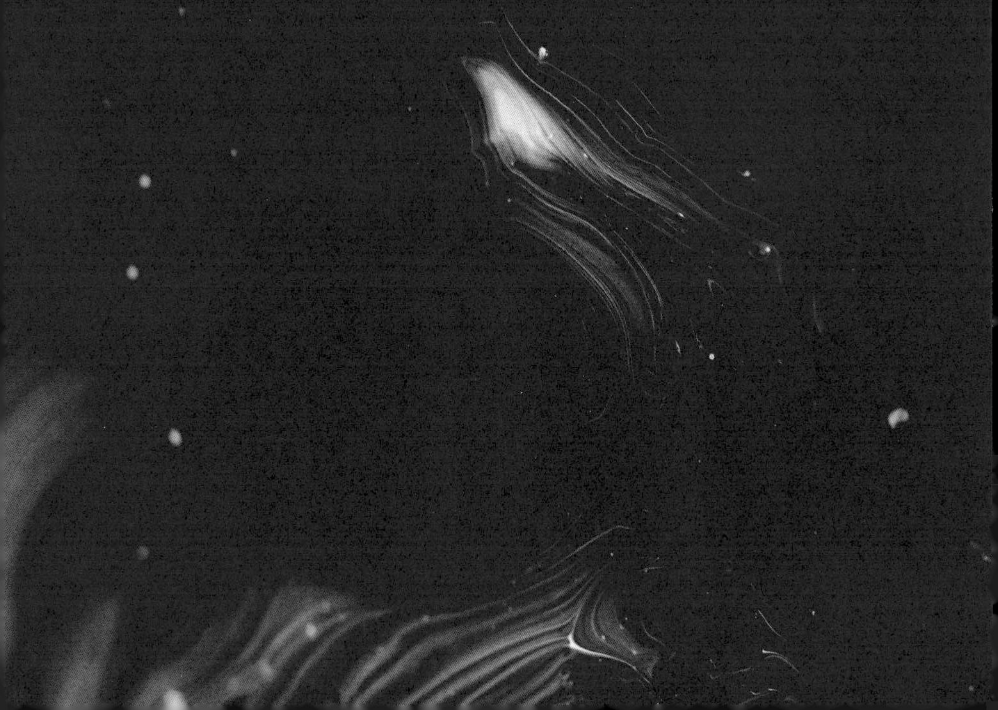

你的心智是受造物。它不像你可能正坐著的椅子那般有形，它是心理上的而非物理上的。像物質一樣，它是能量和秩序。

你的心智是你的思想的容器。

思想是非常有趣的現象。一九七〇年代初期，當我跟隨瑜伽行者瑪哈禮希大師（Maharishi Mahesh Yogi）時，我花了五個月的時間在西班牙的慵懶小鎮拉安蒂亞（La Antilla）進行冥想。我每天都冥想十到十二小時。

過了最初幾週，我的想法變得非常沉靜，也開始理解自己的心智如何作用。在那段期間，我能夠認知一個想法的誕生：**每個新創造的想法，都是純粹覺察門口的單一能量點**。

我觀看自身覺察擴展到顯露出自己的內容。各個思想形式中，都有表徵情緒、邏輯和五感的振動。每一個想法都是心智宇宙裡的一個星系。

一旦生出，想法就會切斷與覺察之母相連的臍帶，像從池底升起的氣泡般開始

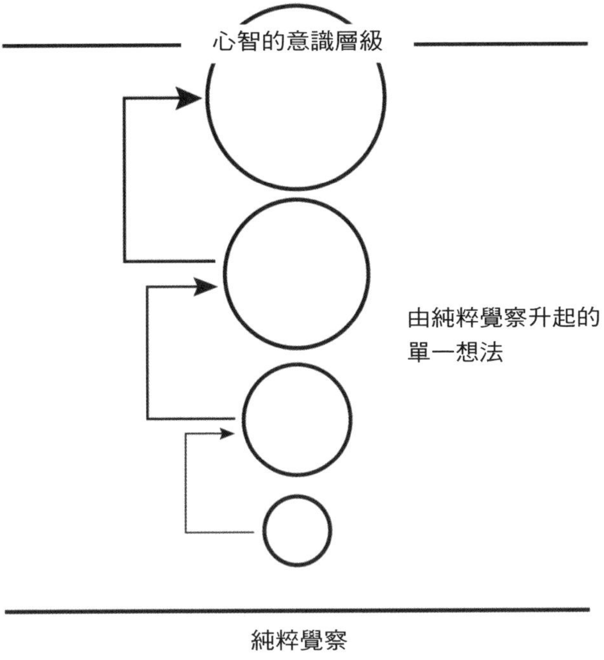
心智的意識層級
由純粹覺察升起的
單一想法
純粹覺察

圖2　心理模型

上升和擴大。思想與完滿分離的那個瞬間，自我（ego）就被創造出來。**隨著它愈擴愈大，思想能量也開始散布到更大的範圍。思想離它的源頭愈遠，也變得愈來愈弱，很容易扭曲變形，還可能摻雜了假的想法**。

最終，想法也像浮上心智水面的氣泡一般破裂。瑪哈禮希後來告訴我，當（氣泡升起的）旅程到了終點，心智開始意識到想法時，思想氣泡就會破裂。

正是在這時間點，我們按照有意識的想法採取行動。憑藉著冥想產生的擴大覺察，我同時經歷了思想的誕生和死亡。

> 你的心智是你的思想的容器……每一個想法都是心智宇宙裡的一個星系。

每個想法都有其主導的情緒和感覺振動。隨著想法愈擴愈大，振動會相互影響和發生變化。思想傾向於採取什麼行動，取決於主導的內在振動。我也發現了一種基質，思想會經由它前往意識，如果內在運作變得扭曲，這個基質可以重新安排原有的振動，改變思想的趨向。

瑪哈禮希解釋說，這是過濾思想的智力，幫助協調想法，好讓它們更有助於一個人的健康和安適。

從這經驗中可以學到很多，但就我們的目的而言，我希望把重心放在單一重點。思想離純粹覺察愈遠，就會變得愈弱，也愈可能變得有害。我們所謂的負面想法並不是這樣開始的，它們是因為誤解和恐懼所導致的內在壓力失衡而變得畸形。一旦想法誕生後，就會經歷某種分離焦慮。

《薄伽梵歌》這麼寫道：「恐懼源於二元性。」不再依附覺察的無限一體性，思想就會知覺到自身的孤獨，並且試圖彌補它的缺失。在這個時候，扭曲可能滲入原本運作完美的思想。令人憎惡的想法將導致令人憎惡的行為。我們只需環顧四周就會意識到，純粹和諧、充滿愛意和富有成效的想法，很少在日復一日的尋常世界中表達出來。

思想離純粹覺察愈遠就變得愈弱，也愈可能變得有害。

如果你認為我過度活化思想的生命，或賦予它太多智力，請別忘了，正是這些思想的集合讓你成為今日的你。

多數人是從自己的想法中獲得自己的基本認同。

你可能說：「我的事業很成功」、「我信任免費教育」，以及「我很生氣。」

然而，獲得成功、信念和感受的必需品是什麼？一路上的每一步，你的思想都形塑和引導了你的進展——或毫無進展。

思想離我們的意識愈遠，就愈有可能變得不和諧。如果我們能擴展自己的意識，以此接觸更接近起源的思想，我們就可以降低不和諧的可能性。這不是什麼新消息，事實上，賢人智者一直在告訴我們，千古萬世都要順應這個潮流。問題不在於做什麼，而是如何去做。因為我們還沒有充分理解覺察在思考中扮演的角色，所以我們身陷相當麻煩的困境。但這不僅僅是理解，理解發生在心智中，而**純粹覺察是超越心智的，因此單單理解是不可能的。**

多數人是從自己的想法中獲得自己的基本認同。

這讓我們留有純粹覺察的經驗，但這也有點算是一個困境。為了擁有經驗，我們需要心智。這就是知曉純粹覺察最顯著、也幾乎普遍誤解的信條之一：純粹覺察無法被經驗。

我們透過自己的「缺乏經驗」而知曉它。在此我只想稍稍提到這點，因為再多的解釋，都不會帶給我們純粹覺察的非經驗，然而，不久我將告訴你，如何停止你的思考，並且發現自己的想法從何而來。

純粹覺察無法被經驗。我們是透過自己的缺乏經驗而知曉它。

第五章

想法之間的空間

如果我們能清晰見得一朵花的奇蹟，我們的整個人生都會發生變化。

——佛陀

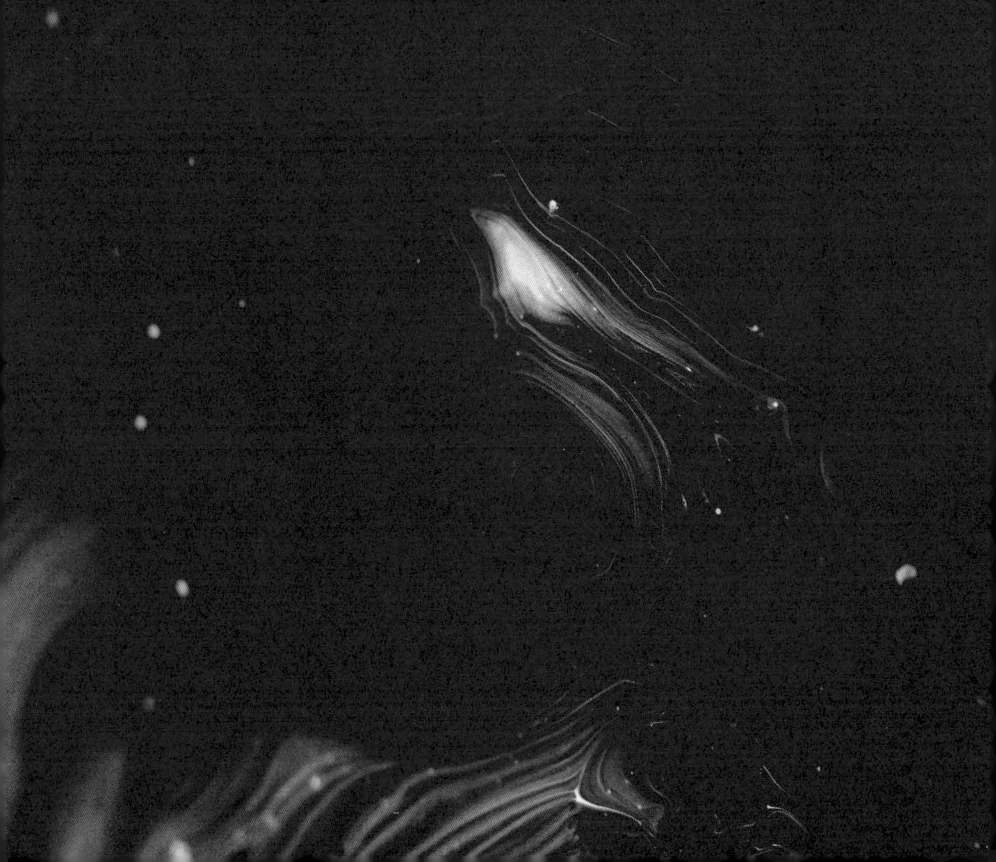

在離純粹覺察愈近處接觸想法，它的能量和秩序就愈高。**接觸剛形成的思想，就是實現完美，擺脫不和諧的影響**。

學習覺察振動療法以前，你將接受引導完成幾個練習，將你的普通覺察拓展到純粹覺察。

你只需要走過這條道路一次。

這就像在寒冬穿上大衣，一旦你穿上，大衣就會一直讓你保持溫暖舒適，即使你忘了自己正穿著大衣，它還是會保你暖和。任何時候你都可以察覺到，自己身上穿著大衣。

相同的道理，一旦你尋得了純粹覺察，你只需要開始察覺，就會知道它依然與你同在。

你準備好開始了嗎？

如果準備好，那我們就出發吧。

練習一　停止想法

找個地方舒適地坐著，然後閉上眼睛。現在，請把注意力放在你的想法。無論想法怎麼跑，你只要跟隨它們。單純地觀看它們來來去去。觀看想法五到十秒之後，問問自己一個問題，接著十分警覺地看隨後立即發生了什麼。

問題是：

我的下一個想法從哪兒來？

發生了什麼？在你等待下一個想法時，你的思考是否出現短暫中斷？你是否注意到一個空間，就在這個問題和下一個想法之間的某種空隙？好的，現在重讀指導語，然後再練習一次，我會等等你的……

你是否注意到自己的思考中有稍微的遲疑：想法之間有個暫停。如果你在問問題之後即刻有所警覺，你會注意到自己的心智就是在等待某件事情的發生。

《當下的力量》作者艾克哈特．托勒（Eckhart Tolle）表示，這就像是一隻貓正在看守著老鼠洞。**你是醒著、等待著，然而，在那空隙中並沒有任何想法**。

或許你曾聽說，需要多年費盡千辛萬苦的使勁練習，才能清空心智不做他想，但你只要花幾秒鐘就能做到。

請多做幾次這個練習。

你也可以用下列問題來替代先前的問題，像是「我的下一個想法是什麼顏色？」或「我的下一個想法聞起來像什麼？」或「我的下一個想法看起像什麼？」

問題本身並不是重點，重要的是集中注意。這樣便會揭露空隙——亦即**想法之間的空間。這個空隙就是純粹覺察。**它或許轉瞬即逝，但它始終相伴你左右。隨著你愈來愈能察覺到這種心理暫停，它也會開始在你身上施展魔法。

現在回到功課上。再做這個練習兩、三分鐘，每十五秒左右重新提出問題，空隙出現時請注意，它不在時請找一找。花不了幾分鐘，你就會注意到自己的想法比較沉靜，身體也比較放鬆。

為什麼會這樣呢？你甚至沒有試著放鬆自己或變得逐漸平和——一切都是自然發生，你沒有做任何嘗試。

開始察覺到覺察，為什麼會讓一個人的感受和行為出現這麼大的變化？處於覺

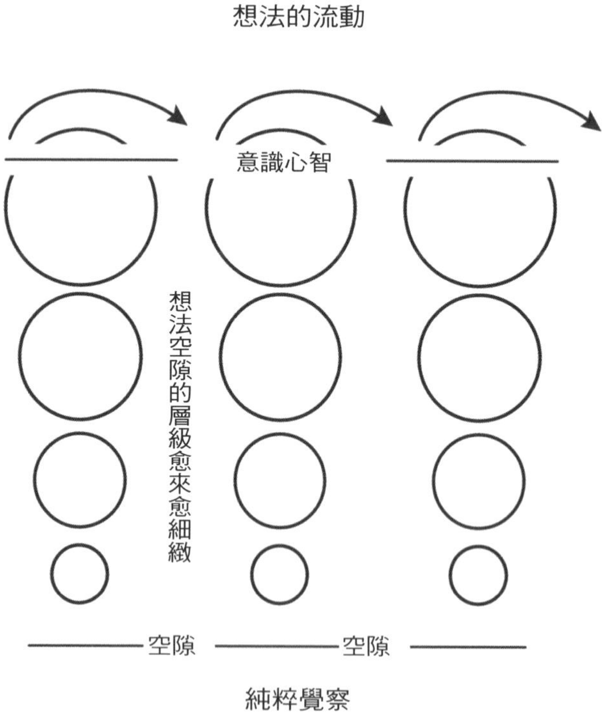
想法的流動
意識心智
想法空隙的層級愈來愈細緻
空隙
空隙
純粹覺察

圖3　空隙

察的狀態，你能夠在更微細和更細緻的層級接觸到自己的想法。每個層級都提供更多的秩序和能量。你注意到的想法之間的空隙，就是我先前提過的「非經驗的經驗」，這種非經驗就是純粹覺察。

在一天中找時間做個一分鐘冥想，期間每十五秒問自己一個新的問題。你很快會開始察覺你在自己想法之間找到的空間，即使在你進行其他活動時（像是說話或開車）都察覺得到。

如果你僅僅打算經常觀察想法間這短暫的間隙，過了一段時間你也會注意到，你的精力更多、壓力更少，甚至與他人的關係都更流暢舒適。你甚至可能會察覺到一種淘氣、輕鬆愉快的心情。

感覺良好會帶來樂趣。這種知覺能為將來更深刻、更充實的經驗奠定基礎，但就算只做這個單一練習，本身都值回票價。

現在，我們就來進一步認識思想的源頭，由此更深入地攫取它的益處。

你注意到的想法之間的空隙，就是非經驗的經驗。這種非經驗就是純粹覺察。

第六章

我是誰？

唯一的真正智慧是知曉自己一無所知。

——蘇格拉底

多年前，蘇格拉底激勵我們要「認識自己」。你是否曾問問自己，為什麼他覺得這點如此重要？如果你愈來愈熟悉你的自性，可能會有什麼益處降臨在你的身上？此外，這個「自性」（Self）到底指的是什麼？

現在就讓我們來細瞧一下。

重複前一章的「練習一：停止想法」，重新發現自己想法之間的空隙。進行這個練習幾分鐘，再次問自己其中一個問題。每十五秒左右問一個問題，記得要**十分警覺地觀察你問問題後立即發生了什麼**。

根據經驗，想法之間的空隙真的沒什麼特別，就是填滿寂靜的一個空間，只有在一個想法結束後、而在下一個想法開始前，才有機會注意到它。因為在想法之間的間隔沒有進行任何思考，所以在你再次開始思考前並不會察覺到。心智跟隨著動作並受運動和形式迷惑，但在空隙中什麼都沒有，空隙裡空無一物。所謂空無一物的意思是，對心智而言什麼都沒有。不過這是個天大的錯誤！

理由是：**心智裡的所有想法，都來自於我們已確認為純粹覺察的空無。**

你可以自己測試一下。重複那個練習，然後觀看空隙。無須你做任何努力，不知不覺，下一個想法就會自發地出現，一個如白晝般明亮的全新想法。如果你停下來想想，這真是太神奇了。每個新想法都是創造的奇蹟，因為它來自空無。既然如此，空無必定不是空的，裡面一定有些什麼，否則不可能產生一個想法。真的很有趣，不是嗎？再重複「練習一」幾次。最重要的是，記得保持警覺並等著看會發生什麼。到目前為止，你已成為觀察想法空隙的老手。

因為在想法之間的間隔沒有進行任何思考，所以在你再次開始思考前不會察覺到。

誰在觀看空隙呢？

現在我想問你一個價值連城的問題：**誰在觀看空隙呢？**那裡沒有想法、沒有情緒、沒有任何一種運動，但你還是在那兒，不是嗎？你沒有陷入昏迷，你也沒有去往塔科馬市，你就在那兒等待自己的想法再次起始，不是嗎？是誰在等待呢？誰是這個「你」呢？心智消失時，是誰在觀看呢？

當你認同你的想法（在你的記憶和未來計畫中亂成一團的一切），這個「你」指的就是「小我」。小我（me）是「東西、事物」的集合，包括你的年齡、性別、愛好、希望，以及你稱之為生活的記憶。然而，你的想法停止的那一刻，集合裡的一切都不存在。若要觀察，你必須處於覺察，對吧？所以關掉心智的那個時刻，你察覺到空無。

除了純粹覺察什麼都沒有。因此，你剛剛解決了你是誰的謎題。你就是覺察！

心智消失時，是誰在觀看呢？

聽起來是否不可能？但事實無法否認。你的直接知覺揭露了**你的內在自性就是覺察**。是的沒錯，在「小我」出生並內建成你認定為自己的意象以前，早已存在單獨的自性：純粹覺察。這就是約莫兩千五百年前，蘇格拉底提問這些刨根究底的問題所引起的喧嘩騷亂。他使得人們在檢視想法的內容之外，還得檢視想法本身。當然，你我現在都知道這很快地導向純粹覺察——不可分割的內在自性。

讓我們再多想一想關於我們就是純粹覺察這件事。

回首過去的人生，重溫你的童年和青春期。現在，回憶你的二十幾歲、三十幾歲……直到你現在的年紀。仔細想想你現在正在做什麼。在這一生當中，你的興趣和感受發生了改變、你的身體已然成長並老化、你的家庭臻於成熟，而你身邊的朋友來來去去。但從你有記憶以來，有一部分的你就與你同在，直至今日依然還在。這部分的你，在你生命的各個時期都不曾改變。

小我是「東西、事物」的集合，包括你的年齡、性別、愛好、希望，以及你稱之為生活的記憶。

在你生命的每一個階段（不，應該說生命的每一秒鐘），就在你的身心忙於成為你今日模樣的同時，你的覺察靜默地守著你，像個不受時間影響的見證者。當你說「我想要媽媽」、「我討厭上體育課」、「我會永遠愛你」或「我不喜歡嘈雜的音樂」時，你是在確認正發生於「小我」而非你的「自性」的事物、事件和感受。你生活中的事物和感受（像是想要媽媽、討厭體育課等等）全部都改變了，現在都歸屬於你稱為記憶的部分。生活的各個面向都已經改變，並且繼續這麼進行。然而，你的覺察一直動也不動地見證著你稱之為人生的這部電影。

你就是覺察！……你的覺察一直動也不動地見證你稱之為人生的這部電影。

丁尼生（Alfred, Lord Tennyson）在他的〈小溪〉一詩中談及這個恆久不變的奧義，他寫道：「或許人來、或許人往，但我永無止境繼續。」我們可以同樣輕易但不那麼雄辯地說，我們的安全、感受、思想、身體和環境或許來來去去，但我們的覺察永遠都會繼續。這樣說當然不那麼撼動靈魂，但確實清楚傳達了重點。

為什麼認識自己如此的絕對必要？

當你逐漸領會你的內在自性是不變、無限、永恆的覺察時，你就開始不再緊緊攀附日漸衰弱的身體和慢慢衰退的心智。你開始察覺到你已超越變化、甚至死亡的境界。你意識到小我以外的一切事物和思想，你做為覺察永恆不朽地存在。

如果僅僅觀察自己想法間的空隙幾分鐘，就能帶來平和與放鬆，那可以想像當純粹覺察融入你的思考、飲食、工作和愛好時，等待你的將是多麼喜悅歡欣的冒險。發現自己就是純粹覺察，是過上充實而豐富的人生的第一步。

下一步是將覺察套入日常的活動。到最後，當你學會療癒自己和他人的傷痛時，那就真正是一種自製自造的祝福。

第七章

鬧門技術

據說有位善心仙女負責主持所有兒童的洗禮。假如我能對她有所影響，我想向她提個請求，請她賦予世間每個兒童一種驚奇感，堅不可摧以致能伴隨終身的驚奇感。

——瑞秋・卡森

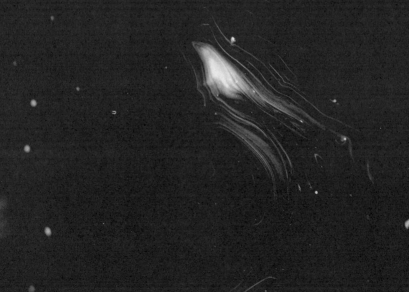

我親身見證了人們發現自己就是純粹覺察、而非充斥自己心中的雜物和凌亂後的各種反應。

通常會出現一個驚喜的時刻，同時伴隨著輕鬆和自由的感覺，這樣的欣快感可以持續一段時間，但自我遲早會想要重新掌控它的心智。

當自我重新掌權時，思想和東西的地位再度升高，它們的重要性也被誇大。覺察的孱弱回音漸次退去，很快就會被遺忘。

然而，結局不一定非得如此，練就本書提到的所有基本功夫，可以確保你穩固純粹覺察的心向。

實現這個目標的下一步，是藉由延長你察覺到純粹覺察的時間，加深並擴展純粹覺察的非經驗。

為了達到這個目標，我開發了一個極其有效且簡單到不可思議的程序，任何人都能做到。

我將這個程序稱為「閘門技術」，因為它打開了一扇通往純粹覺察的閘門，輕易得就像是看門人親自為這扇門上了油。

你需要做的只有走進這扇門。

下一步……是加深並擴展純粹覺察的非經驗。

閘門技術使你看待世界的方式產生微妙但深切的轉換。這種轉換或許一開始幾乎察覺不到，但終將深刻地影響你的身心，從而影響你生活的其他各個領域。開始練習這個技術後，只要經過幾個星期，通常你的朋友會說你的容貌變得更放鬆或眼神變得更柔和。

練習二 閘門技術

（你可以在 kinslowsystem.com 或 www.hayhouse.com 下載閘門技術的免費MP3版本。在這個音檔中，我會帶領你一步一步完成整個過程。）

找張舒適的椅子坐下，給自己一段十到二十分鐘不受打擾的時間。閉上眼睛，讓你的心智隨意遊蕩十到二十秒。現在，逐條檢視心中的正向語詞。你可能會在腦海中看見這些語詞或是聽到它們，但無論哪種形式都不重要。

正向語詞的例子可能有下列幾種：寂靜、靜止、沉著、平和、喜悅、至福或狂喜。

或許你也看見或聽到其他語詞，像是光、愛、慈悲、空間、無限、純粹能量、存在或恩典。

在你想過一輪正向語詞後，回頭再想一遍。小心地挑出一個吸引你注意的語詞。

接下來，你要做的只有觀察那個語詞。完全只需全神關注，等著看它發生什麼。

在你不加干涉地單純觀看時，你的語詞最終會在某些方面發生改變。或許它變得更大、更亮或更響。它也可能開始鼓動，或許變更黯淡，甚至逐漸褪去和消失。

難以預料它會發生什麼，但怎麼樣都沒關係。你的工作只有純粹地觀察，無須控制，也不要以任何方式介入。就像在看電視，只是讓一切發生在你的心中。

是不是很容易呢？

隨著你觀看你的語詞，你的心智可能轉換到其他的想法，或你可能開始聽到周遭傳來的聲音。

有一陣子，你或許會忘了自己正在進行鬧門技術。你可能對自己的想法著了迷，有時一次就是幾分鐘。

沒什麼大不了的！如果發生這種情況，當你意識到自己沒有在觀察你的語詞時，只要平靜地把它再找回來就好。就是這樣而已！鬧門技術的力量，存在於它的簡單和純真。

現在，我們來到最後一步，你或許留意到你的語詞偶爾會消失，沒有關係，只要觀察它留下來的空間。

你會認出它是純粹覺察所在的空隙。這個空隙不是目標，它只是你的心智將經歷的許多改變中的另一個。

過不久，你的語詞自己就會回來，或者它也可能變成另一個語詞，那樣也沒有關係。只要接受新的語詞，就像你對待前一個語詞那樣觀看或傾聽它即可。

複習時，閉上眼睛安靜坐著。幾秒之後，找到你的語詞，然後簡單地觀察發生什麼。

不要干涉，只要觀看。

當你意識到有其他的想法或雜音存在時，安靜地找到你的語詞，然後再一次開始觀察。

如果你丟失了你的語詞，它可能會再度回來，又或者另一個語詞會取代它。只要跟隨就好。

閘門技術的力量，存在於它的簡單和純真。

發生什麼並不重要，只要純粹地觀察眼前事物的進展，不要涉及其中。繼續進行閘門技術十到二十分鐘（若是允許，請盡可能至少持續十分鐘）。結束時，不要太快張開眼睛，或立刻起身開始做其他的事。請繼續閉著眼睛，再花一兩分鐘做做伸展，然後慢慢返回原來的世界。

如果你太快跳出來，你可能會感到有些躁動，或是覺得頭痛或其他身體上的不舒服。無論你有沒有注意到，你的身體都十分地放鬆，你會需要一些時間去轉換到平時的活動狀態。你的心智希望開始動一動，但請確保你的身體有機會跟上它，然後就能輕易地回到你活躍的生活。

每天至少進行一次鬧門技術，不過，如果每天練習兩次，它的效果會再加倍。最佳時段是一起床就做一次，然後晚些時候找時間再做一次。

如果你無法在白天進行，那就請在睡前做，這能幸福地消解一天的壓力，讓你晚上有個好眠。

持續不懈地練習，對於不斷獲取成功很重要。在一開始，每隔幾天就要重讀這些指導語，或再聽聽鬧門技術的音檔，這樣做能消除任何可能不經意地干擾練習的壞習慣；人們通常會認為自己做得很正確，結果卻發現遺漏了些什麼或添加了不必要的東西。但如果你不仔細維持單純的觀察，鬧門技術就不會那麼有效，你也會發現自己覺得它不如剛開始那般有用。

這明白顯示了有些雜質已悄悄滲入你的練習。剛開始練習的前兩個星期，請每兩天檢查一次你的技術，之後則是每兩週重讀或重播指導語，這樣可以確保你的持續練習能帶給你充分的益處。

鬧門技術教導你的是**只要依靠觀察**，就會發生相當神奇的事。幾乎不費什麼力氣，就能出現深刻的療癒，實際上，任何一種努力都只會適得其反。這項技術之所以生效，是它讓你的心靈沉浸在覺察的療癒之水中。你真真切切地與造就身心的智慧結成同盟。

幾乎不費什麼力氣，就能出現深刻的療癒……僅僅只要集中注意，就能實現這一切。

如果你規律地做，你會感到生理和心理的能量都更強大，也會覺得更放鬆、更健康、更能抵禦心理和情緒的壓力，甚至可以改善關係。

僅僅只要集中注意，就能實現這一切。

很快你會注意到，在你日常活動中，愈來愈不需要使用閘門技術就能進行這樣的觀察。這項技術本身就足以發揮作用，你也可以在其他練習開始時加入這項技術，藉此提高那些練習的有效性——前提是，你要確定你沒有任意更動閘門技術的做法。請記住，閘門技術的力量在於它的簡單性，它本身已經很完整，添加或刪去任何東西都只會使它變得沒那麼有效。

不久你將學習覺察振動療法，這是一種靈性療癒的科學方法。雖然閘門技術沒有直接用於覺察振動療法程序，但它確實有助於純化覺察，而這是覺察振動療法的基礎。

每天練習，很快就能養成在活動中保持當下覺察的習慣。

之後，當你精通療癒時，你可以用覺察振動療法取代閘門技術——不過很多人還是選擇兩種都繼續做。

現在該來檢視覺察振動療法到底是什麼，以及它如何運作。接著，你將學習如何駕馭它的力量，好讓你能療癒自己和他人。

第八章

覺察振動療法

神不考慮我們做了多少，而是看我們帶多少愛去做。

——德蕾莎修女

覺察振動療法是什麼？

覺察振動療法是種科學方法，可快速有效地減輕疼痛並促進療癒，產生肉眼可見的立即變化；就算由不同人操作，仍可獲得相同結果，而且經得住嚴謹科學的前測與後測（指在療法之前與之後進行檢測）。覺察振動療法在初始那一節過後，仍會持續作用很長一段時間，溫和地保持平衡並排除身體和情緒的障礙。過程中，發起者和接受者的療癒覺察都受激發而生氣盎然。一節覺察振動療法期間通常伴隨著平和與放鬆的感受。

覺察振動療法可助你喚醒自己的內在覺察。當你愈來愈熟悉純粹覺察時，你會在各個方面都感到愈來愈好。當你日益健康也更加快樂時，自然而然會想要與他人分享。不久你將學習靈性療癒的覺察振動療法，接著就能完成這樣的循環。

你將學習如何將你所得到的給予他人——更精確地說，**是分享你自身的狀態**。事實證明，你分享自己覺察的對象本身也是純粹覺察，你完全只是在喚醒他們的基本天性。我希望能進一步闡述這絕妙迷人的概念，但這趟旅程帶我們前往的境地將遠遠超出本書所及。

覺察振動療法可助你喚醒自己的內在覺察。

我們很快會發現，純粹覺察可以強力復原出錯的事物。痛苦、混亂、憂鬱之類的症狀，就是在告訴我們有些地方不對勁了。它們就像是路標，指出內部哪裡故障。無論是腿斷了還是心碎了，任何失序都與順暢運行、多產有效和充滿愛的身心背道而馳。

健康即為秩序。

我們顯得愈有秩序，我們就會愈健康。當我們的健康開始崩壞時，我們擁有許多重建秩序的藥物和治療方法。我們可以從振動的觀點來簡化思考。

振動（或波）是能量的最簡單表達語詞。星星和青蛙、天使和鐵砧，這些都只不過是能量波的聚集物，聯合起來創造出特有的形式。

我們可以將我們的器官、組織、思想和情緒視為個別的振動束，一起作用以創造健康的身心。當振動失去同步時，我們稱之為失序或疾病，然後試圖治療它。多數療癒的完成，是藉由引入有序的振動來中和失序的振動，舉例來說，白柳樹皮的草藥振動能中和頭痛的發炎振動。

健康即為秩序。我們顯得愈有秩序，我們就會愈健康。

增強或削弱振動的過程稱為「干涉」（interference）。我認為，看待它的最簡單方法是這樣：

振幅是波的垂直部分（波有多高）。如果你把振幅相同的兩個波加在一起，最後你會得到振幅為原有波兩倍的一個大波，這樣稱為「建設性干涉」。反之亦然：如果你把振幅完全反向的兩個波相加，它們就會彼此抵銷，最後你會得到振幅為零的波，這樣稱為「破壞性干涉」。

別讓這建設性－破壞性干涉的行話擾亂你的內在運作。走到海邊看看翻湧而上的波浪，你會親眼看見這個原則如何運作。在你觀看的時候，你很快就會發現，較

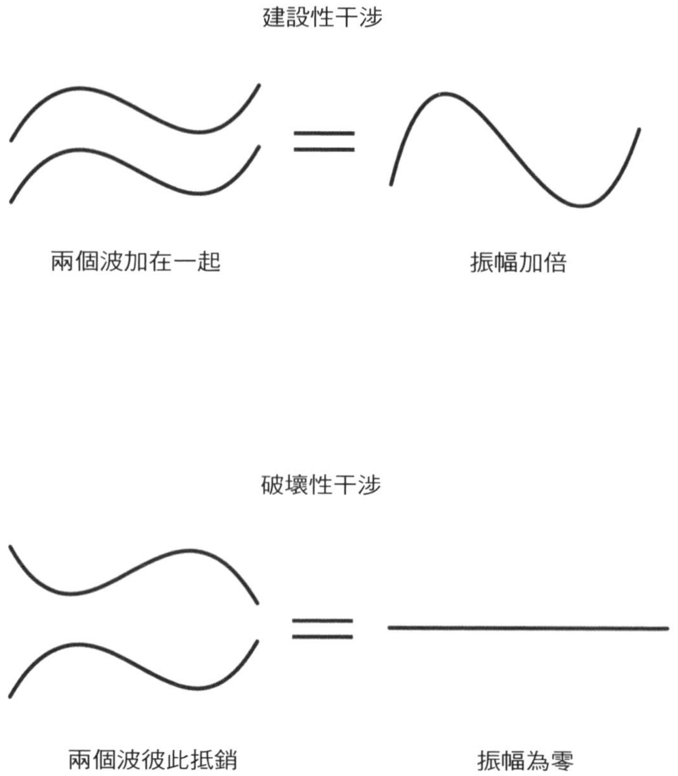
建設性干涉
兩個波加在一起
振幅加倍
破壞性干涉
兩個波彼此抵銷
振幅為零

圖4　波的干涉

快的波會趕上它前方較慢的波，然後兩個波融合形成單一個更強大的波。那個更大、移動更快的波浪，其動量（物體在運動狀態時所具有的物理量稱為動量，可量化為物體之質量與速度的乘積。舉例來說，一輛高速移動的重型卡車便擁有很大的動量）會讓它超越其他波，到達海灘更遠處，浸透你全新的翼紋休閒鞋。那樣即是建設性干涉。

當那道波浪沖刷上沙灘，讓你的腳踝淹沒在滿是沙的海水時——此時你脫口冒出一連串咒罵，而在海灘各處的媽媽們瘋狂奔去摀住自己寶寶的耳朵——它遇上了沖刷而來的另一道波浪。離去波浪的力道，降低了前來波浪的力道，使得新來波浪的尺寸和動量都縮減，所到之處遠不及你那時站立的地方。你並不會注意到，因為你已經走在回車上的半途中，每走一步都有海水從你鞋子的前端噗嘰噗嘰濺出來。失去動量的第二道波浪，就是破壞性干涉的一個例子。

傳統的療癒系統，像是藥物、針灸、體肌療法和精微能量程序（subtle energy，一種能量療法），最終都是透過重建振動秩序來作用。治療的振動與健康狀況的振動愈是一致，療癒的完成度愈高。有時，失序可能實際上是由治療本身所造成，如果治療與痊癒的振動不全然一致（例如處方藥的情況），就會產生副作用。一般而言，療癒系統愈是直接完全作用在波或振動，經歷副作用的可能性就愈小。那樣的系統，能使我們回歸純粹覺察。

純粹覺察不是振動，而是振動的源頭，它是任何形式背後的潛在秩序和能量。理論上，如果我們能以某種方式將純粹覺察注入失序的系統，就能毫無副作用地產生完美的秩序。正巧，這樣是有可能的！這個系統就叫做覺察振動療法。

純粹覺察不是振動，而是振動的源頭。

每一種療癒方法、系統或程序都是為了提供方向和支持，引導實踐者克服可能的障礙——也就是阻止他們成功完成手邊任務的障礙。我們錯誤地認為，程序才是成功的關鍵……但事實並非如此！

我即將要告訴你另一個祕密，這個祕密不用花你半毛錢：

進行療癒的不是療癒程序，而是覺察。沒錯，覺察正是每個成功結果背後最神奇的部分。無論你正在洗車、解三角函數問題，或是剪腳趾甲都不重要，覺察永遠都是關鍵部分。只要試試在沒有它的情況下剪腳趾甲你就會知道——不過，那個畫面不會太美好。

進行療癒的不是療癒程序，而是覺察。

為你所做之事注入活力的是你的覺察，技術本身沒有生命。覺察像是火車，程序則像鐵軌：沒有覺察，就不會動。

少了覺察，什麼事都成不了。這就是為什麼你能從千百種療癒形式中任選一個，依然可以恢復健康。

覺察振動療法程序強調的是覺察，而不是程序。你很快會體驗到，實際的技術幾乎毫不費力。

事實上，覺察振動療法在程序中止時，才真正開始作用。是的，當覺察振動療法技術的結構消融於純粹覺察時，療癒才會發生。

沒錯，覺察振動療法程序並不是一種療癒技術，它只是一個逐漸察覺純粹覺察的過程。療癒實際上是開始逐漸察覺所產生的副作用，而這也意味著治療者並不是你——純粹覺察才是，這是十分重要的區別，當你開始練習覺察振動療法時，這一點會變得更加明顯。

療癒實際上是開始逐漸察覺後所產生的副作用。

由此衍生出一個需要細究的要點：

如果你不是治療者，那麼發生療癒的任何功勞都無法歸諸於你。你不用擔那個責任，也不必負那個重擔。

假定你被要求幫助某人緩解非常疼痛的膝蓋。你無須知道膝蓋有沒有關節炎、是不是扭傷，或任何相關的可能。**你沒有必要診斷問題**。覺察的無限秩序，將為你做到這點。

你不需要知道關於膝蓋的任何事，你只需要知道膝蓋的主人希望（在這個情況下）消除疼痛。

一旦你開始了覺察振動療法程序，它會為你照料剩餘的一切——不只是為你，還為了那個感到疼痛的人。除了最初設置，你不需要做任何事，也沒有什麼是為你而做的。

你將學習在一節覺察振動療法之前如何執行簡單的前測（可能持續十五秒到幾分鐘），以便客觀地註記疼痛、腫脹和其他症狀的強度。在那節覺察振動療法之後，你也要執行相同的檢測，觀察這些症狀緩解的程度有多大。因為你沒有涉入膝蓋的治療，所以療癒如何發生，都不會讓你有任何既得利益。這樣可以避免你的自我受到傷害，也不會讓自我太過放縱。

這樣做還可以充分展現身為人的慈悲和喜悅。只要幾分鐘的努力就有不錯的回報，你說是不是啊？

覺察振動療法只是一個能讓覺察擴展到純粹覺察的過程，好讓人得到療癒。一旦覺察振動療法程序的發起者開始察覺到純粹覺察，真實的療癒就會即刻發生。

雖然任何疾病或病症的不協調元素可能在一瞬間被整合，但結果可能需要一段時間才能充分顯現。執行一節覺察振動療法之後，作用會持續一段很長的時間——這是另一個你不該太過沉浸在初始結果的理由。假定疼痛的膝蓋在最初那節覺察振動療法之後改善了八十%，兩分鐘後可能改善達九十%，而兩天過後，疼痛或許會完全消失。

一旦覺察振動療法程序的發起者開始察覺到純粹覺察，真實的療癒就會即刻發生。

因此無論發生什麼，都會往最好的情況發展，不可能造成傷害。治療者的古老指導格言——「首重的是，不造成傷害」並不適用於覺察振動療法，原因有兩點：首先，你不是在治療，再來，純粹覺察不可能造成傷害。

然而，你沒有被完全排除在外。覺察振動療法經驗之美在於，它同時治癒了發起者和伙伴（注意：我們將接受覺察振動療法的人稱為伙伴，而執行覺察振動療法的人稱為發起者）。

憑藉著覺察振動療法程序，發起者能輕易地進入純粹覺察的絕美狀態，然後讓這狀態的完美和諧有序地再造或重組物質事態。如果經常這麼做，你會開始在外感受到這種內在覺察的狀態，組織和療癒我們的每一個思想、話語和行動。這種經驗相當平和、令人振奮，而且激勵人心。

接下來的幾段內容，我打算將覺察振動療法跟其他療癒系統做個比較和對照。請別誤會我的意圖，我完全沒有批評這些方法的價值，這麼做只是為了讓你能更全面的了解。

每一種療癒方法都是珍貴而且必要的，只要問問透過使用這些方法、日益改善生活品質的數百萬人就會知道。我在探討的是更廣泛的健康，範圍從身體和心智擴展到涵蓋人類互動的各個領域。我們確實受限於蒙蔽我們心智及削弱我們身體的概念鎖鍊。

覺察振動療法經驗之美在於，它同時治癒了發起者以及伙伴。

或許你只是單純地想用覺察振動療法來治癒身體疼痛或情緒傷痛，若真是這樣，那也沒有關係。

然而，覺察振動療法不僅僅是療癒身體和心智的方法，它能輕易地向外流動，治癒和豐富人類的每分努力和其他更多層面，且這一切都是自動地發生。如果經常地運用，生活的銳角和粗糙面就會變得柔軟平滑，結果就是你開始了解生命是滋養培育——一位保護、教導，並最終滿足你所有需要的宇宙之母。當你從沉睡中甦醒，帶著歡欣和敬畏感迎接新的一天時，這樣的結果很快就會來臨。

覺察振動療法是玩具箱裡最該第一個拿出來玩，也是最後才要放回去的玩具。

然而，覺察振動療法不僅僅是療癒身體和心智的方法，它能輕易地向外流動，治癒和豐富人類的每分努力以及其他更多層面。

當我們每天演練覺察振動療法時，我們的個人疾病會開始自行痊癒。我們的療癒會漸漸加速。我們愈來愈少仰賴外在療法，愈來愈輕易地轉而向內，成為生命透過我們展現的愛之見證。像顆滾下山的雪球，我們讓自己的生命越益充實豐盛，在前進的過程中增加了健康和生活充滿朝氣的動量。

但我不是純粹主義者，我也不認為你是。覺察振動療法有潛力（我強調潛力一詞）成為解決各式問題的靈丹妙藥。每天你都將因自己創造的小小奇蹟感到訝異，而這種經驗將會改變你如何知覺世界的基本根基……好啦，我的意思是用上整個宇宙的創意源頭！我就不信你這麼做了之後，還能維持一切照舊的態度。

> **每天你都將因自己創造的小小奇蹟感到訝異。**

覺察振動療法與眾不同之處在於，它不仰賴任何藥物、療法和心向。傳統療癒系統包含結構的地方，覺察振動療法反倒期待將之消解。有序地消解結構，能讓實踐者放開心接受純粹覺察，由此回過頭來提高結構的秩序。

所有的療癒方法都有價值。實踐者的覺察程度愈高，方法的價值也愈高。就跟任何其他療癒形式一樣，覺察振動療法受限於實踐者的心智。在完美的世界裡，覺察振動療法是確保理想健康以及身體、心智、關係、工作、靈性追求、教育和娛樂和諧的唯一所需。

是的，覺察振動療法可以恢復各個領域的和諧。

壞消息是，覺察振動療法也像所有的療癒程序，受限於實踐者本身的限制，但好消息是，實行覺察振動療法實際上能移除這些限制。簡單地說，我們實行得愈多，生活就會愈有樂趣而且愈令人滿意。現在，就讓我們把注意力轉向覺察振動療法的基本要領。

壞消息是，覺察振動療法也像所有的療癒程序，受限於實踐者本身的限制。但好消息是，覺察振動療法實際上能移除這些限制。

覺察振動療法的基本要領

覺察振動療法不是精微能量程序。覺察振動療法沒有利用波干涉，也不以任何方法試圖用草藥或藥物、體肌療法或推拿、輻射能量，或是任何其他療法來中和背離的能量。覺察振動療法在這方面是獨一無二的，以下說明原因為何。

任何主要的療癒系統，無論是傳統醫學、精微能量或介於之間的系統，都需要在合格從業人員的指導下進行嚴格的學習和練習，才能安全有效地應用。那些系統更有可能需要經過多年的嘗試錯誤，之後才被接受為可以實行。多數的療癒系統仍在發展進化中，它們既是一門科學，也是一門藝術，結果根據實踐者的技巧而有所不同。這一切的小心謹慎和關注細節都有其必要，因為倘若沒有恰當地應用，這些系統可能會造成傷害，或至少，它們會沒有效果。

上述這些都不適用於覺察振動療法，因為有個簡單理由：歸根究底，**發起者沒有做任何事情**。

他或她只是讓純粹覺察完成所有工作。

請記住，純粹覺察是完美的秩序。如果有什麼看起來好像失序，純粹覺察會加以解決。發起者只需要做好準備，待一切準備就緒，就可以先行讓開。純粹覺察會接手來消解不和諧，並以完美的作用秩序重新組裝這些不和諧，而此時，發起者則在過程之中所產生的喜樂中觀看。

學習覺察振動療法有多困難？其實就跟思考一樣簡單。練習無須特殊技巧，可以快速地上手。

事實上，閱讀覺察振動療法內容所需付出的努力甚至比實際執行還要多。因此，如果你正在閱讀本書，你一定能夠學會並應用覺察振動療法。然後，你將親身經歷純粹覺察非凡的治療效果。

閱讀覺察振動療法內容所需的努力甚至比實際執行還多……只要你想得到，覺察振動療法都可以解決。

覺察振動療法有什麼用？只要你想得到，覺察振動療法都可以解決。它能解決，甚至可以說它無論如何都會解決。只要是純粹覺察製造的——剛好就是一切的事物、問題等等，純粹覺察都可以解決。

聽起來很有道理，不是嗎？

進行解決任務的是純粹覺察，不是發起者。我們的個人需要、抱負、偏見、希望、恐懼、目標、失敗，或任何在我們腦袋裡跳來蹦去的其他東西，全都不會妨礙它。我們人類看見的是過去、現在和未來的極小一部分。我們的問題在於，我們自以為在任何特定情況下都很清楚什麼是最好的，但實情是——我們一點也不清楚。我們的世界是一片原因和結果的汪洋，每個當下的原因，都是無限且互有關聯的效應所產生的結果，而這些效應可以往回無數億萬年、追溯到產生創造之泉那個不熖不火的最初想法。

如此一來，怎麼可能知道造成此刻你在思考什麼想法的原始根源呢？你知道使你思考那個想法或前一個想法的是什麼嗎？

是不是難以想像，我們並非如同自己以為的那樣，是自己命運的主人？試想有個一輩子單身的人，在他年輕的時候，有次因為找不到他的車鑰匙，所以晚了一分鐘才動身前往雜貨店。他晚了一分鐘才到達雜貨店，剛好錯過了世上唯一可能相愛的女性。一分鐘、一秒鐘，都可能改變一輩子。

我們全都曾在某個時候思索，如果我們多買一張樂透彩券，或沒有違背父母的期望成為街頭默劇表演者，我們的人生會有什麼不同？難道，我們生命的每時每刻都充滿了無法控制的力量，可能徹底地改變我們的未來？

覺察振動的本質作用

重新組裝秩序	利用純粹覺察的秩序作用，來消解所有的不和諧。
解決一切問題	正因為純粹覺察所製造的就是一切，所以一切問題純粹覺察都可以解決。
一切都來自最原始的想法	解決任務的是純粹覺察，不是發起者。因為每個當下的原因，都可回溯到產生創造之泉的第一個想法。

每個人都擁有無限多個人生

在此暫且休息一下，說一點抽象的事。好不好？延展心智的邊界永遠都是件好事，尤其是在探索新的療癒典範時特別有用，就像一顆種子，可以發芽、長成有用的東西，最終變得十分壯觀。

量子物理揭開了多重宇宙的幾個可行理論，而我同意的一個是，我們每個人都有無限多個人生。

「時間不會流動」，這個概念並非理論，而是數學事實。時間不像我們通常認為的那樣存在，我們的心智創造了我們認定為時間的排序。換句話說，時間是人類創造的，不存在於我們的心智之外，只是我們的有限意識，將我們侷限在一段時間和一個人生。

很有可能你存在於平行人生，每個人生中的你，只有一個微小變化。例如，在某一個人生中，你的手指可能患有關節炎；而在另一個人生中，你的關節炎可能發生在手指和膝蓋；在第三個人生中，你可能完全沒有罹患關節炎。

時間是人類創造的，不存在於我們的心智之外。

請想想這點：你有無限多個表現平行存在。如果你能有意識地從一個人生移動到另一個人生，那會多麼令人驚奇？你的生命經驗將會無限擴展，一切只受限於你的意識……

現在，我們即將進入非常有趣的一點。

是什麼將這些多重宇宙連結在一起？如果你的每個人生都是項鍊上的一顆珍

珠，那麼將這些珍珠串在一起的線是什麼？多重宇宙的串連線是玻姆的無界整體，亦即純粹覺察的隱秩序。

純粹覺察是通往你各個人生的入口。這或許就是覺察振動療法的作用方式：推動你的意識穿過純粹覺察的入口，移往平行的人生。如果你在這個人生患有關節炎，你可以毫不費力地投入純粹覺察，然後到另一個沒有關節炎的人生。

這讓我想起了C．S．路易斯的《納尼亞傳奇》系列小說中的一本書，書裡的角色可以潛入池塘，然後從納尼亞世界浮出來。路易斯似乎能夠憑直覺就知道量子物理學所謂的多重宇宙是什麼。

我喜歡將之視為一張音樂CD，光碟表面的每個音軌，都代表一個人生。讀取訊息的雷射光掃過CD，釋放出固定在這些音軌上的各個人生音樂。雷射是我們的意識，掃過我們稱為自己當前人生的音軌。我們的意識從出生一路移動到死亡，但我們必須記住，時間是不會運動的，這是不爭的事實。**時間是由我們的意識心智創**

造出來的錯覺。我們的所有人生全都同時存在，就像所有的音軌全都同時存在於一張CD。

現在，假使我們可以讓雷射光跳到平行的音軌，而不是按預期地沿著一個接著一個的音軌移動，那又會怎麼樣呢？

我們可以開始播放平行的音軌，不是嗎？在我們意識到我們只是從一個人生中潛入純粹覺察、然後在另一個沒有那種限制性疾病的人生中浮出以前，即刻治癒整個疾病似乎像是神奇魔術。

我有非常好的理由提出這點。我們能表現的奇蹟，只受限於我們的意識。

我們能表現的奇蹟，只受限於我們的意識。

我們全都是有限的，這種情況無以避免。然而，一旦了解我們的有限只受限於意識，我們可以開始甩掉束縛我們意識的鎖鍊，超越我們當前的侷限。

治癒我們的關節炎，有可能就像切換音軌一樣簡單嗎？是可能的，只要我們知道方法，而且我們的心智允許這麼做。覺察振動療法的簡單程序內建了創造的機制，這種機制讓我們能夠覺察到創造就在眼前的無限可能。

此時來談一談理論會很有趣，它有潛力將你的心智擴展到超出當前的參數，但無論你懂不懂理論，覺察振動療法都會起作用。無論你相不相信它都有用，即使你不了解它如何運作，它還是會起作用。小孩可以天真無知地實行覺察振動療法，事實上，少了天真便起不了作用。

我們無法透過全然的意志力，產生純粹療癒意識的切換。我們只能將自己的天真意圖，置放在純粹覺察的汪洋中，和諧與療癒的洋流會流向何方，不在我們的影響範圍內。我們能有治癒某個人的渴望，但那種渴望出自有限的我們，會淹沒在心智這片永無歇息的海洋。這或許是出於悲憫受苦眾生而生的利他渴望，但我們無法知道宇宙藍圖如何支撐那種渴望；無法知道是什麼無限、錯綜費解的事件進程，導致了這樣明顯的不和諧；也無法知道，它會選擇什麼方式再次顯現和諧。

小孩可以天真無知地實行覺察振動療法，事實上，少了天真便起不了作用。

執行覺察振動時，狀況總是有所改變。有可能單一節覺察振動療法就可以啟動迴盪整個宇宙的力，之後便能實現那樣的和諧。做為發起者，我們能做的只有表達我們想要改正的渴望。

無論採取何種形式，結果都是純粹覺察的自然完美表現。我們只要單純地接受自己所見，同時理解我們不可能知道起作用的力是什麼，或它們何時顯現。

我曾有位個案請我幫她一次解決幾個問題。她因工作的關係，患有竇性頭痛和肩背肌肉痙攣。她也因為長達六週的更年期前期併發症導致貧血。我發起了覺察振動療法程序幾分鐘，在這之後我注意到一些輕微的跡象，顯示她的身體已接收到純粹覺察有組織的影響。當我問她感受如何時，她說她跟治療前的感覺完全相同。我向她說明這個過程十分成功，此時我無法再為她做些什麼。在她轉身離去時，我可以從她的臉上看到失望的神情。

然而，大約過了一小時，我接到這位個案打來的電話，她聽起來相當興奮。她告訴我，開車回家的途中，堵塞的鼻竇突然暢通，她甚至不得不停下車子，擤擤當下順暢流出的鼻涕。她回到家待了二十分鐘左右，肩膀開始放鬆，感到輕鬆沒有負擔。我恭喜她，並謝謝她花時間向我回報她的最新情況。第二天早上她又打電話來，這次聽來更加興奮。她說更年期前期的症狀統統消失了。

光是單一節覺察振動療法便可能足以啟動迴盪整個宇宙的力。

實施覺察振動療法的時候，我的個案沒有任何外在跡象顯示它已經奏效。而我也只察覺到，她的上背有塊肌肉發生了極微小的變化。

我不知道她會經歷什麼樣的緩解（如果有的話）。這一切都與我無關，因為在這過程中，我更像是旁觀者。我發起了覺察振動療法，然後讓開。我很高興她的症狀緩解了，不是因為我做了些什麼，而是因為另一個理由。每當療癒就像這樣發生時，都在證明**生命比思想寬廣，也比想像更豐富**。

當我發起覺察振動療法程序時，我觸及到比我更偉大的某種東西，我也開始知道它是我的自性。我有一種感覺，不是希望，而是確實知曉我的世界一切安好。我不是僅僅為了讓我的生活更好而執行覺察振動療法，我這麼做是為了提醒自己完美已然存在，在不朽的池塘裡激起漣漪，然後觀看它們在這宇宙的極微小一隅，嬉鬧般拍打著我人類同伴的生活。

第九章

準備療癒

左想想、右想想，往高往低都想想。喔，只要你試一試就能想出好多想法。

——蘇斯博士（Dr. Seuss）

與其說準備應用覺察振動療法是在集結某種工具或技術，倒不如說是準備什麼都不做。

熟識我的人都不會訝異，我發現並開發了覺察振動療法，他們很快就點出，事實上，我生活中多數時間一直處於這種狀態——

也就是準備什麼都不做。

擁有這樣觀察敏銳且給予支持的朋友，實在是太棒了！

我想對你說的第一件事就是，透過創造看得見的身體變化，來向自己展示覺察的力量。

藉由進行這樣顯著的練習，你不僅僅獲得療癒的簡單基本原理，你還可以些許品嚐療癒的覺察振動療法風格帶來的喜悅和樂趣。

準備好了嗎？

那我們就開始囉！

練習三 手指成長練習

舉起你的一隻手、掌心向內，找到手腕上方、沿著手掌底部的那條平行線或折痕。

將這隻手的平行線對上另一隻手的同一條平行線，兩隻手腕靠在一起，好讓這兩條折痕完完全全對齊。

現在，仔細地將你的手掌和手指對在一起。這時，你的兩隻手應該完全擺成祈禱的樣子。

看著你的兩根中指，它們或許一般長，也可能一隻比另一隻稍短。在這個練習當中，你要選出比較短的那隻手指。如果你的兩根中指一樣長，那你可以自行選擇左手或右手。

接著將兩隻手分開，各自放在兩邊的膝蓋上或是桌上（如果你正坐在桌子前）。

看著你選中的中指並且想想，**這根中指會長得長一點**。

不要移動手指，只要愈來愈敏銳地察覺它。這麼做時你可以張開眼睛、也可以閉上眼睛，怎麼樣都沒關係。你可以看著手指，或在心中想像它，將你的覺察集中在單一手指，只要這樣做就好。持續整整一分鐘。你無須再告訴它長長一點。說一次就夠了。只要提供它進行轉變所需，也就是**專注的覺察**。那根手指有整整一分鐘得到你全副的注意力。

經過一分鐘之後，以手腕上的折痕為基準，測量手指的長度，就像先前做的那樣。注意兩根中指的長度，然後，哇……收到覺察的中指長長了，這真是太令人驚嘆！

歡迎來到覺察升高的奇妙世界。你剛剛親眼見證了覺察之力如何活化身體，並且準備由內開始療癒。但你該如何演繹這樣神奇的技藝（或我該說神奇的手指）？現在讓我們來找找。

這個練習的基礎是**意圖和覺察**。首先，你有個單一意圖，是讓比較短的手指長長一點。然後，你把你的覺察全都投注在那根手指。這個練習讓我們更接近覺察振動療法，但你還沒有真正到達那裡。你只需要添加一個額外元素——「安樂感」，這樣你就準備好成為療癒發電機。

第十章

感受和安樂感

幸福猶如一隻蝴蝶，苦苦追趕卻總捉不住，但如果你靜靜坐著，它或許就會停歇在你身上。

——納撒尼爾·霍桑

憤怒、驕傲、擔憂、悲痛和其他類似的感受，與平和、喜悅和至福的安樂感（eufeeling，euphoric feeling〔欣快的感受〕的縮寫）之間有什麼差別呢？

簡單地說，**感受是有條件的，而安樂感則沒有條件**。感受是由其他的感受、想法和情勢造成，而安樂感直接出於純粹覺察。

當你憤怒的時候，你是有原因在生氣。舉例來說，你或許為了另一半擠完牙膏後沒把蓋子蓋上而生氣；你的難過，或許是因為某個親近的人離開了你的生活；你的擔憂，或許是因為你付不出帳單。

所有感受都有條件，無論你是否有察覺到。

安樂感是無條件的感受，它們並沒有、或不需要理由而存在。它們就是在那兒。舉例來說，不管我們在哪裡，平和無時無刻不在。一旦你知曉方法，你就找得到平和，即使身處情緒風暴之中，也能像找到暴風眼般找到它。當你處於自我覺察，察覺得到純粹覺察時，無論你在想什麼或做什麼，你都能體驗到平和。

也有可能，你甚至意識到它一直都在那兒，只是你沒有注意它。

當你沒有身陷日常有條件感受的情緒背景環境時，平和就是你存在的自然狀態。如果你不熟悉純粹覺察，你或許認為前一句話難以置信，但在你學過覺察振動療法之後就不會再懷疑了。覺察振動療法程序能自然且輕易地將你的日常覺察帶往純粹覺察，而在最微細處閃爍光芒的安樂感遠遠超越你的想像。

安樂感直接出於純粹覺察。

有條件的感受是心智的創造物，它們受制於時間，它們是為了滿足自我分而治之的需要。

一切有條件的感受都有與之對立的感受，例如，快樂有悲傷，而愛有恨，它們也總是與過去和未來聯在一起。而安樂感並沒有對立面。它們是純粹覺察的輕快旋律，輕柔地拍打著心的遙遠彼岸。總是在歌唱但卻很少被注意到，它們最先且微弱地發出的聲響，傳達著一個訊息——我們就是永恆。

平和的初始安樂感，也可以稱為寂靜、靜止、喜悅、至福、無條件的愛、狂喜和一體性的敬畏體驗。任何單一的安樂感，都內含所有安樂感。平和中有靜止。如果你仔細觀察，你會發現平和是充滿喜悅。如果你格外地安靜，你也會發現無界之愛的純真，已準備好將你包覆在它纖細的懷抱裡。

雖然安樂感是獨立存在的，但它們可以在心中製造有條件的感受。例如，當你經歷純粹喜悅時，它或許會在你的心中激起愉悅或幸福的感受。此時，心頭上的安樂感，會讓你覺得幸福。在這樣的情況下，這種有條件的幸福感受，仍需要存在的理由，而那個理由就是喜悅的安樂感。

有條件的感受（像是憤怒或情慾）會產生其他有條件的感受，但它們永遠都無法產生安樂感。

一切有條件的感受都有與之對立的感受，而安樂感並沒有對立面。

這是非常重要、得反覆思量的一點。我們必須加以辨別有條件感受（心智為了平息自我分而治之所產生）和安樂感（支撐無限和諧與平和）之間的差別。如果我們無法辨別這兩者，我們就會繼續受困於情緒亂流急轉不停的漩渦中，而這樣的亂流已經把世界帶往毀滅的邊緣。

一旦理解到這些，就能輕而易舉地治療補正。首先會體驗平和喜悅與愛的普世和諧，接著讓療癒由內而外自然而然地開展。

如果心智是燈泡，那純粹覺察就是點亮燈泡的電流，安樂感則是電流通過燈絲所產生的光。

其他各種不同的感受是燈泡玻璃的樣式變化，例如顏色、燈泡上印的字（如「60 W」），或氣泡、皺褶之類的變形。

將這個比喻進一步延伸：

如果你感到有點憂鬱，你的燈泡可能是藍色的；如果你很生氣，你的燈泡可能是紅色的等等。就算燈泡的玻璃是藍色的，裡面的光依然純粹且清澈，它是因為穿透了燈泡的藍色玻璃，才會散發出藍色的光。安樂感永遠都是純粹而且清澈的，即使在你憂鬱或生氣的時候，安樂感依然存在。但是當你認同你的「藍色」時，你就錯過了總是常駐於內心的平和純淨。

如果心智是燈泡，那純粹覺察就是點亮燈泡的電流。

我不想太過延伸這樣的比喻，但我們可以用它來理解另一個重點。當我們看到憂鬱、憤怒、煩躁、不快……的人們時，我們很容易把焦點放在他們發出的「顏色」。我們專注於情緒，錯過了情緒背後的純淨。當我們執行覺察振動療法時，過程當中我們也會開始察覺到安樂感，它們為療癒添加了動量。隨著我們持續練習覺察振動療法，經過一段時間，我們會愈來愈熟悉思想或行動執行以前的原始純淨，這種知曉很快便滲入我們的日常生活，於是我們自然而然地開始認出行為背後的平和、喜悅與無限的愛。

因為我們認識自己內在的純粹覺察，也認出他人的純粹覺察，所以我們不會那麼容易受到他人負面行為的影響，這讓我們得以自由地享受當下正在體驗的任何安樂感。我們不只變得對他人愈來愈寬容和關愛，還對自己更加和善。

接受自己顯而易見的不完美以及因這些而生的行為，是一種美妙的自由，更是每天平安生活的基礎。

第十一章

覺察振動療法和意圖

選擇道路起點的人，也選擇了這條路通往的地方。

——哈里・愛默生・福斯迪克（Harry Emerson Fosdick）

覺察振動療法的第一要素，可以說是**純粹覺察**，而當純粹覺察反映在你心中時，創造了第二個要素：安樂感。我們在此需要討論的覺察振動療法之最終要素是「意圖」。

意圖讓純粹覺察有了方向，為無形帶來有形。舉例來說，當你經由得來速購買食物時，你先在菜單看板前點餐，然後開一小段路到窗口付費，接著就能領取你的食物。餐廳裡發生了什麼，真的跟你一點關係都沒有。

覺察振動療法十分像是點了一份「快樂餐」，你只是簡單地下了療癒訂單，走一小段路經過純粹覺察，然後就在到達生活的窗口時取到了結果。

意圖讓純粹覺察有了方向。

老套嗎？是很老套！但我認為，這樣可以把概念說得很清楚。意圖就是你下訂單的部分。是不是很簡單？

世界上有各式各樣的意圖，有些簡單、有些十分複雜，甚至可以細分到非常瑣碎。就我們的目的來說，簡單的比較好，而覺察振動療法的意圖簡單到幾乎不存在。關於覺察振動療法我們會說：「覺察振動療法意圖是不言而喻的。」意思是說，你和你的伙伴已經知道需要做些什麼。你的伙伴的意圖，是他或她為什麼出現在這兒的理由（還記得嗎？這裡的「伙伴」指的是接受覺察振動療法的人，而實施覺察振動療法的人是「發起者」）。

舉例來說，如果你的伙伴有胃痛，那麼意圖就是擺脫這種疼痛。意圖無須明說，已由當前存在的那個人暗示。好似純粹覺察（存在萬物的先祖）知道，什麼需要修復以及如何完成這項工作。

現在請記住這點：**發起者甚至不需要知道是什麼在困擾他們的伙伴！**

沒錯，伙伴可以不要說出自己的問題，即便如此，覺察振動療法仍能起作用。這點在處理情緒不協調時，特別地珍貴有用。伙伴可以不透露自己私人的情緒包袱。當覺察振動療法在卸除包袱的同時，發起者可以在純粹至福裡到處閒逛。

最後要注意的是，我們並非在跟疼痛或其他任何事做戰對抗。**疼痛不是敵人，而是一種異常**。疼痛就像行為不端的孩子，需要愛和引導，但我們無須做任何事，因為愛和引導都是由純粹覺察來供應。

覺察振動療法意圖更像是發給純粹覺察的邀請函，邀請這位貴賓蒞臨我們身心的家。而做為回報，純粹覺察會愛我們行為不端的疼痛和問題。一切的不和諧，最終都會在純粹覺察的關愛擁抱中消解。

第十二章

尋找純粹覺察

覺察是最原始的；它是本初的狀態，沒有開始、沒有結束、沒有起因、沒有支持、沒有部分、沒有變化。

——尼薩迦達塔·馬哈拉吉

（Sri Nisargadatta Maharaj）

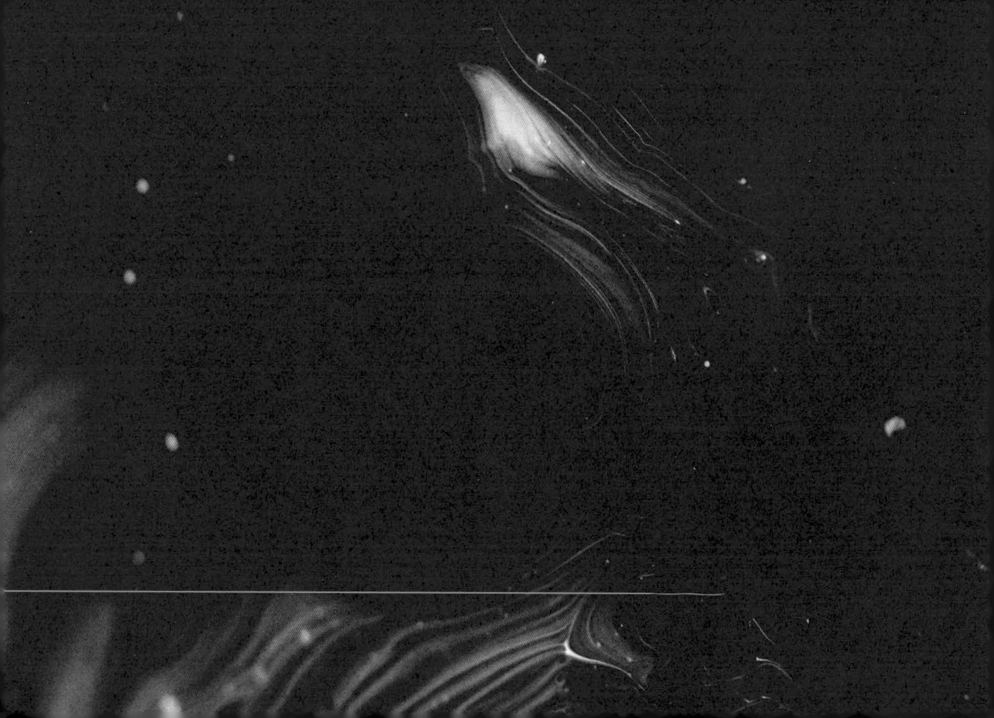

覺察振動療法是如此的簡單，卻也如此出乎意外的有效，因為它利用了純粹覺察的無限療癒秩序。

按理說，覺察振動療法的發起者應該知道純粹覺察是什麼，以及如何接觸它，或更準確地說，是如何開始察覺它。

多年來，純粹覺察的概念已獲得大量報導。這些報導絕大多數寫道，純粹覺察非常難以獲得，需要花費多年研究和修行才能掌握它。而我認為，不可能獲得純粹覺察，你也絕對無法掌握它……**因為你已經擁有它**。你無法尋求你已經擁有的東西，這並不是困難，而是根本不可能。

這大概是為什麼我們當中，有這麼多人很難意識到純粹覺察的原因。我們以為它是能被理解的東西，可以用心智領悟的東西，然而，因為純粹覺察本質上是空無，所以我們無法用手或心攫取它。

我們甚至無法經驗它。這也是很重要的一點。

你無法尋求你已經擁有的東西。這不是困難，而是根本不可能。

純粹覺察唯有在缺少經驗的情況下才得以知曉。這麼說吧，就像你在發現想法之間的空隙時那樣。**只有當你再次開始思考之後，你才會意識到少了經驗**。請原諒我不太合文法的寫法，但心智並不喜歡**空無**，它想要的是跟吸引它注意的概念或其他東西交手一番，這就是為什麼心智讓尋找純粹覺察變得這麼困難——必然會如此。心智不可能知道空無，因此它必須用哲學來定義空無，並且製造複雜的技術來尋找。於是它著迷於有條件的感受，像是自我滿足和驕傲，努力說服自己這是成功的……然而實際上這注定要失敗。

純粹覺察無法經由在它身上下功夫而意識到，它只能由不努力做什麼來意識到。訣竅是讓心智一直忙於其他的事，然後指出覺察始終都同在。再一次，回到你在尋找想法之間的空隙時做了什麼。你即將再重做一次這樣的事，但是當你完成時，任何時候只要你想，你都能夠立即認出純粹覺察。

純粹覺察無法經由在它身上下功夫而意識到，它只能由不努力做什麼來意識到。

我們將使用的過程十分有效，但比你在第五章做過的簡單練習「停止想法」稍微冗長一些。

你需要找一張舒適的椅子，還有一個至少二十分鐘不被打擾的地方。前幾次進行這個練習時不要躺著，讓身體呈垂直狀態，心智會比較警覺。

執行**純粹覺察技術**的方法有許多。最有效的是從 www.hayhouse.com 或 kinslowsystem.com/free-downloads/ 下載免費的MP3音檔。你的第二選擇是自己錄下「練習四」的內容，然後在你準備好一試時播放。

另一個方法是請其他人幫你讀出內容，然而，一旦那個人開始出聲朗讀，你和那個人之間就不應該有任何交流。到最後，應該維持兩、三分鐘的靜默，然後再張開眼睛。在你張著眼睛察覺到純粹覺察以前，不要跟朗讀內容的人交談。

最後、也是最終的手段，是你重讀幾次練習的指導語，然後根據記憶進行練習。這樣做也很有效，但你可能需要多嘗試幾次，才能自發地意識到純粹覺察。

如果你有任何疑問，可以上覺察振動療法的網站（kinslowsystem.com）查詢。在你瀏覽網站時，請順道看看覺察振動療法論壇，你在那裡可以跟其他的「覺察振動療法執行者」互動，甚至可以申請一節免費的覺察振動療法。無論如何，你都能快速地開始認識純粹覺察。極有可能你需要的幫助都可以在本書找到，但如果你想要更多的指導，覺察振動療法執行者隨時都準備好並且願意給予幫助。現在，就讓我們開始尋找純粹覺察！

練習四 純粹覺察技術

舒適地坐在椅子上，兩手輕鬆分開。閉上眼睛，開始逐漸察覺你的右手。不要移動你的手，只要察覺它。

密切注意自己的感受為何。

你是否能感到你的脈搏或任何肌肉緊張？你是否感到任何疼痛或不

舒服？你是否能開始逐漸察覺全身的感覺，像是冷或熱、放鬆或刺痛？

（持續進行三十秒）

現在，以相同的方式開始察覺你的左手（十五秒）。接著，開始同時察覺你的兩隻手（十秒）。開始同時察覺兩隻手腕（二到三秒）。

由此開始，對身體的每個部位都花二到三秒：

- 兩隻下臂。
- 你的手肘。
- 你的上臂。
- 你的肩膀。
- 開始同時逐漸察覺你的手臂，從指尖一路到肩膀。
- 開始察覺你的整個上背區域。

- 現在是你背部的中間和下半部。
- 你的整個背部。
- 你的身體兩側，從腋下一路到臀部。
- 開始察覺你的胸膛。
- 你的腹部區域。
- 你的骨盆，接著開始察覺你的整個骨盆部位。
- 你的臀部。
- 你的大腿。
- 你的膝蓋。
- 你的小腿。
- 你的腳踝。
- 開始察覺你的腳跟。

- 你的腳底。
- 你的腳背。
- 你的腳趾。
- 開始同時察覺你的大拇趾。
- 你的第二根腳趾。
- 你的第三根腳趾。
- 你的第四根腳趾。
- 你的小拇趾。
- 開始察覺你的腿、手臂和軀幹。
- 現在開始察覺你的脖子。
- 你的下巴。
- 你的下顎。

● 你的右耳。

● 你的左耳。

● 你的下唇。

● 你的上唇。

● 開始察覺上下唇抵著之處。

● 開始察覺你的右鼻孔。

● 你的左鼻孔。

● 鼻子的尖端。

● 你的整個鼻子。

● 開始察覺你的右眼瞼。

● 你的左眼瞼。

● 你的右眼。

- 你的左眼。
- 你的右眉毛。
- 你的左眉毛。
- 開始察覺眉心的位置。
- 你的前額。
- 你的後腦杓。
- 你的頭頂。
- 你的整顆頭。
- 開始察覺你的整個身體。覺察到你的全身（十秒）。
- 現在開始逐漸察覺身體周圍的區域，身體四周大約三十公分的一個區域，像是一個橢圓形或一顆蛋圍繞著你的身體（十秒）。
- 讓你的覺察擴展到超出你的身體（五到六秒）。

由此開始，將以下目標一一在心中各想五到六秒：

- 開始察覺你的覺察填滿整個房間。
- 現在擴展到房間以外，開始察覺你的覺察充斥整棟建築。
- 擴展到超出建築，開始察覺建築周圍的區域。
- 擴展得愈來愈快，開始察覺整個城市。
- 擴展得更加快速，開始察覺城市周圍的區域、鄰近的城市，以及整個縣市（文中關於地區的描述是基於作者所在地——美國，以下就臺灣的地理、行政區進行改編）。
- 開始察覺鄰近縣市和整個國家。
- 開始察覺整個亞洲，然後察覺整個東半球（或任何你所在的大陸以及半球）。

- 開始察覺整個地球。開始察覺依自轉軸安靜、強力旋轉的行星。
- 你的覺察持續地擴展，地球也隨之愈來愈小，月球漸漸成為一顆銀色的點。
- 地球變得愈來愈小，小到成為只是在天際中閃耀的一顆星星。
- 你的覺察持續擴展，大到悄然超過太陽。太陽逐漸變得愈來愈小，直到成為天際中的一顆星星。
- 你開始察覺布滿天際的數以百萬、億萬，甚至上兆的星星。這一切全都包含在你的覺察裡。
- 你的覺察隨著群星形成星系持續擴展，這星系依自轉軸安靜、強力地旋轉。
- 此時你的覺察仍在持續擴展，星系隨之愈來愈小，直到它也成為天際中一顆星般的大小。

- 這個星系迷失在天空中數以百萬、億萬、上兆計的其他星系之間。
- 隨著你的覺察擴展，所有星系、一切創造物都以橢圓形或蛋形懸浮，由你的覺察支撐著。
- 萬物一切都內含在你覺察裡的這個閃耀宇宙。
- 隨著你的覺察持續擴展，萬物形成的蛋變得愈來愈小。
- 它變成了葡萄柚的大小。
- 成了柳橙的大小。
- 成了檸檬的大小。
- 成了豌豆的大小。
- 成了天際中一顆閃耀星星的大小。
- 隨著你的覺察擴展，所有的創造物都變成如針孔般大小的璀璨光點，懸浮在你無限的覺察中。

- 然後一切的創造物、那個單一璀璨光點熄滅（三十秒）。
- 此刻，再一次地開始察覺你的整個身體（十五秒）。
- 開始察覺你正坐在充斥自己覺察的房間。房間裡的一切事物都在你的覺察中（十五秒）。
- 開始察覺萬物一切都在你的覺察裡（十五秒）。
- 再次開始察覺你的整個身體，坐在自己覺察裡的你的全身。
- 現在，花兩、三分鐘保持坐姿並且放鬆，然後張開你的眼睛。在你開始張眼時，維持你擴展的覺察。不要著急匆忙。花點時間離開那個狀態，因為你的覺察充斥整個房間（十分鐘）。
- 在你雙眼仍保持閉著的同時，慢慢地扭動你的手指和腳趾，或是輕輕地伸展它們。察覺遍布你的身體和充斥整個房間的你的覺察（三十秒）。

- 現在，慢慢地張開眼睛，同時察覺你的覺察填滿整個房間（十到十五秒）。
- 你還能察覺到自己的覺察充斥整個房間嗎？看看周圍的任一個物體。你是否察覺到你和該物體之間的自己的覺察？其實，你的覺察一直在那裡。你只是開始在自己之外察覺到它。你有何感受呢（五到七秒）？
- 你是否感受到某種平和或寧靜？某種輕盈或至福（五到七秒）？
- 你所感受到的寧靜安逸就是安樂感，這是你心中純粹覺察的反映。你感受到喜悅、平和或靜止都無所謂，這些都是察覺到純粹覺察的結果。
- 你是否察覺到此刻自己的覺察充斥整個房間（三到五秒）？
- 看吧，它還在那裡。它永遠都會在那兒，現在只要你想要，可以隨時察覺到它。再做一次。開始察覺在整個房間裡的你的覺察（三到五秒）。

- 現在，開始察覺遍布你整個身體的你的覺察（三到五秒）。它也在那裡！

純粹覺察無所不在。它就像是你忘了自己正穿著的大衣。你要做的只有想到它，然後你就會知道它在那裡，一直讓你保持溫暖。每當你想到純粹覺察（也就是開始察覺到它），你都會發現它正等待著你，無論你在哪裡，它都會在那裡。這就像是有著慈愛母親的年幼孩子，當孩子想媽媽時，只需要四處看看，就能發現媽媽在那兒注視著自己。

- 放手做吧，「媽媽」正在注視嗎？開始察覺你的覺察填滿整個房間、你的身體，以及一切創造物（五到七秒）。

絲毫不費力氣，對吧？你無須做些什麼來尋找覺察，不是嗎？你只要開始察覺它就在那兒。

現在你不需要技術來找到純粹覺察，因為當你停止使用那種技術，你只會再次失去它。你將不費一絲力氣地永遠察覺到純粹覺察。這樣是不是很酷！

好吧，還有一件事要做：

- 再次閉上眼睛，開始察覺你的覺察充斥房間（十五秒）。
- 現在，將你的注意力放在你的感受是什麼：你的安樂感。只要辨認你是否感到平和、靜止、寂靜、至福等等。找到你的安樂感，然後觀看它一陣子（八到十秒）。很美妙吧，不是嗎？
- 張開你的眼睛。開始察覺四周的一切覺察，張著雙眼再次辨認你的安樂感，可能跟先前注意到的安樂感相同或不同，不管怎樣都沒關係。只要專心注意你此刻擁有的安樂感是什麼（八到十秒）。

為了準備使用覺察振動療法創造療癒結局，我希望你在一天當中時不時地開始去察覺純粹覺察，以及與它相關聯的安樂感。

最初幾次，你可能需要在安靜的環境中閉眼進行。但經過幾次嘗試，你甚至可以在尖峰時段的塞車陣中察覺到自己的安樂感。

記得，首先要開始察覺到純粹覺察，然後在你觀看或感受純粹覺察的同時，你的安樂感就會毫不費力地顯現出來。雖然無須費力就能開始察覺到覺察，但需要花時間習慣這種跟某些活動無關的良好感受。安樂感是腦中的精細活動，需要練習才能讓你原本活躍的心智習慣於在安靜的層次中閒蕩。

好的，現在就此打住。

我很高興你一同參與了這些，而今，你也成為新覺醒的人之一，請充分地品味你的全新覺察和即將降臨在你身上的喜悅。

第十三章

如何用三步驟療癒

過生活只有兩種方式。一是當做世上沒有任何奇蹟，另一則是當做事事都是奇蹟。

——愛因斯坦

用覺察振動療法來療癒，實際上是意識到你並沒有在進行療癒。你不是在創造正向能量，藉此戰勝負面能量，你不是在召喚其他力量或配方來為自己效勞，你是在創造一種氛圍，而療癒會在其中發生。

覺察振動療法是深入挖掘完美秩序的場域（我找不到更好的詞）。你在那兒什麼都不用做，萬事萬物都會自然為你完成。

按照慣例，我會用「你治癒」或「我治癒了」這些說詞，不過嚴格說來，這種說法並非事實。

覺察振動療法是深入挖掘完美秩序的場域。你在那兒什麼都不用做，萬事萬物都會自然為你完成。

為了準備創造療癒結局，我們必須採用正確的角度切入才得以成功。

而我說，我們沒有執行療癒，完全不是意指態度，更非哲學，只是基於觀察上的簡單事實。

這種療癒的存在，**不是因為你之外的外力，而是你自身的本質：透過安樂感反映的純粹覺察**。

不多不少，就是這樣。

你將驚訝於自己的覺察所擁有的力量，但要知道，不是你擁有這種力量，你就是那個力量，很快你會親身體驗。

此時，你將輕輕鬆鬆地跨越這個範疇，那個過去幾十年來為了定義小小的你而精心打造的邊界，這些界限禁錮了你的覺察，使它受限於所有用來增強「小我」概念的思想和事物。

然而，在你首度體驗覺察振動療法時，就會把這些都抛到一邊。

你將驚訝於自己的覺察所擁有的力量，但要知道不是你擁有這種力量。你就是那個力量。

現在請捲起袖子，做好準備開始創造療癒結局。

我們先從簡單的案例開始：有位朋友的左肩疼痛，而且上背和頸部的肌肉緊繃，希望你能幫幫他——**實際上，無須知道病症的原因就能使用覺察振動療法，療癒會自動從病因處發生**。

做為發起者，你只需要知道對方渴望的是什麼，很顯然，你的伙伴渴望舒緩減輕肩膀疼痛和肌肉緊繃，你則推斷出他的渴望，這也就是你的意圖，而你需要知道的全部訊息也只有這些。

準備療癒

在你開始以前，先讓你的伙伴動一動肩膀，以便產生他希望消除的疼痛。請他讓你看看他的活動範圍縮減了多少，並且展示其他受這病症影響的部位。

接下來，請他用一到十的量表（十是無法忍受）評分自己疼痛的嚴重程度，並且記下那個數字。

養成前測與後測的習慣也很重要，這能讓你得到珍貴的回饋——尤其是一開始當你還在逐漸適應覺察振動療法程序時。

養成前測與後測的習慣也很重要。

如果你是醫生，可以使用傳統治療所用的相同檢測，例如，整脊師可能使用骨科和神經檢測、觸診，甚至用X光，客觀地識別問題和判定改善程度。你只需要察覺意圖一次。純粹覺察不聾不啞，它比你更了解你想要的究竟是什麼。純粹覺察也知道該做什麼與何時去做，這點你無須質疑。

現在你已準備好開始進行。

三角測量：覺察振動療法步驟程序

在你伙伴的肩膀、上背或頸部，應該可以輕易找到一處摸起來緊緊或疼痛的肌肉。將你的食指（A接觸點）放在緊繃的肌肉，用力深壓，好讓你能感覺到那塊肌肉有多硬或多緊。接著放鬆，讓你的手指輕輕地停留在緊繃的肌肉。現在，將另一

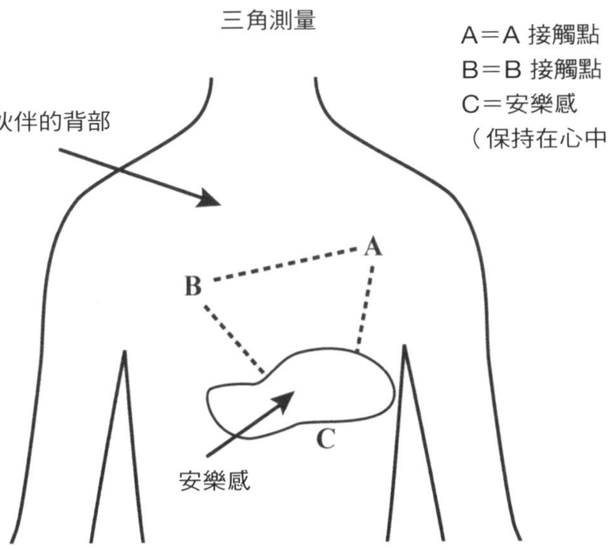

圖5　三角測量

隻手的食指（B接觸點）輕輕放在任何其他肌肉，不一定要放在摸了會繃緊或疼痛的肌肉，只要隨機選塊肌肉，將你的手指放在那裡。

步驟一：將你的全副注意力都集中在A接觸點，然後開始認真察覺你有什麼感受。花點時間注意從指尖那頭的肌肉傳來的熱度、伙伴皮膚或衣物的質地、將你的指尖往回彈的肌肉緊繃度等等。盡你所能逐漸察覺手指與肌肉接觸之處的一切。

步驟二：開始敏銳地察覺B接觸點，就像你對A接觸點做的那樣。接下來，開始同時清楚地察覺兩根手指有什麼感受。維持這樣的覺察幾秒鐘。在你同時關注兩根手指之際，你也會注意到自己有個獨立的部分正在觀看整個過程。是你、也是你的覺察在察覺兩根手指。

到目前為止，你有了A接觸點的覺察、B接觸點的覺察，以及你同時察覺到兩點的覺察。

無論你是否清楚地察覺到這個現象都沒關係，它會自然、毫不費力地發生。

步驟三：當你以這樣擴展的方式保持兩個接觸點的覺察時，什麼事都不要做。

是的，只要注意你的兩個指尖有什麼感覺就足夠了。

如果你同時注意兩根接觸的手指，其他什麼事都不做，你很快會開始感到寧靜、靜止，甚至平和的感覺。

這就是從你擴展的覺察產生的安樂感。此刻，在你保持A、B接處點的覺察時，開始察覺這種感覺。

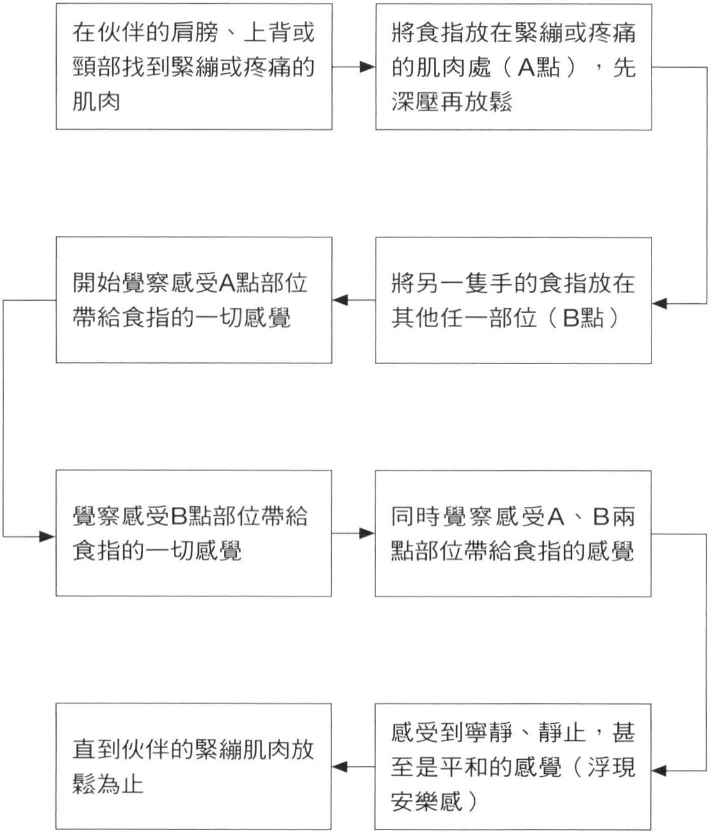
在伙伴的肩膀、上背或頸部找到緊繃或疼痛的肌肉
將食指放在緊繃或疼痛的肌肉處（A點），先深壓再放鬆
將另一隻手的食指放在其他任一部位（B點）
開始覺察感受A點部位帶給食指的一切感覺
覺察感受B點部位帶給食指的一切感覺
同時覺察感受A、B兩點部位帶給食指的感覺
感受到寧靜、靜止，甚至是平和的感覺（浮現安樂感）
直到伙伴的緊繃肌肉放鬆為止

三角測量步驟

現在，你有了三個覺察點：A接觸點、B接觸點，以及你的安樂感。將三者保持在你的覺察中，這就叫做「三角測量」。

持續察覺這三個點，直到你感覺伙伴的身體有所變化——特別是他的肌肉（當你初學覺察振動療法時，可能需要花幾分鐘）。你感受到的變化，可能是指尖下的肌肉變軟或鬆開。感受或許就像是，你的手指正在放鬆或融入肌肉本身。或者你可能感受到，你的伙伴整體上都很放鬆，他的肩膀可能鬆開，或是他可能嘆了口氣或深吸了一口氣。如果你們都站著，你可能注意到你的伙伴正在搖晃，這是常見的反應，顯示你的伙伴正享受著非常深層的療癒休息。或許你也注意到，你的伙伴正在產生更多體熱，甚至開始流汗。

這些變化全都表示你伙伴的身體正在痊癒，身體正在重組，以消除失序的疼痛和緊張。觀察到了任何一項指標後，請繼續做三角測量一段時間，同時察覺兩個接觸點和你的安樂感。然後移開你的手指。

恭喜！你剛剛完成了你的第一堂覺察振動療法課程。只需要兩根手指和你的安樂感，你就可以消除伙伴的痛苦！

你可能十分好奇，你的伙伴在你創造這個療癒結局時經歷了什麼。答案是：真的什麼都沒有。在進行覺察振動療法進程之前，我會跟我的伙伴說：「你的心思想往哪兒去，就讓它隨意遊走。」

我的伙伴經常問我，他們是不是應該放鬆、冥想或重複自己的意圖。

他們應該什麼都不做。

他們不該嘗試以任何方式提供協助，因為如果他們這麼做，只會減緩或抵銷發起者的努力。其中的道理是，**如果他們的心智忙於其他瑣事，他們就比較不容易收到覺察振動療法產生的療癒作用**。話說回來，「中性」狀態的心智，將會自然且毫不費力地掉入純粹覺察的療癒之水。

記得隨時確認你的伙伴是否感到舒適。如果他們願意，也可以閉上眼睛——他們需要準備的事僅此而已。如果他們希望多多少少能幫你一把，你可以跟他們說，他們最大的幫助，就是**讓自己的心沒有方向或意圖地隨意漫遊**。

覺察振動療法在最艱難的情勢下都能作用得非常良好。你的伙伴或許承受了巨大的身體疼痛或情緒傷痛，你可能發現自己在急診室、擁擠的商場，或其他任何令人不安的環境執行覺察振動療法，但無論在哪兒，療癒都會發生。因此，不要認為你受限於這些事物。不過若是情況允許，寧靜的環境加上樂意配合的伙伴，永遠是最佳選擇。

覺察振動療法的進程簡述

- 伙伴描述疼痛（意圖隱含其中）。

- 進行前測。
- 開始察覺A接觸點（僵硬或疼痛的肌肉）。
- 開始察覺B接觸點。
- 開始同時察覺A和B兩點。
- 等待安樂感。
- 保持A、B和安樂感的覺察。
- 觀察伙伴的肌肉鬆開、身體搖晃、呼吸改變或其他放鬆的徵象。
- 進行後測。

第十四章

在一節覺察振動療法後該做什麼

這是一見鍾情、永恆的愛：一種未知、出乎意料、意想不到的感受——至少在有意識的覺察之下是如此；它完全佔據了他，而他驚喜地明瞭這就是生活。

——托瑪斯・曼

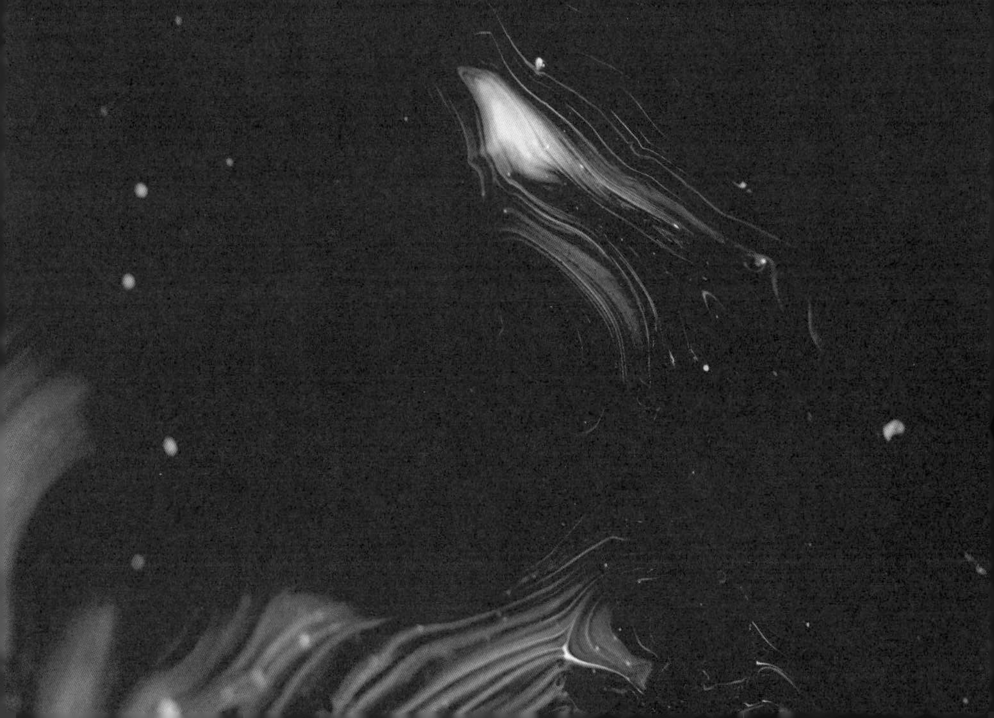

當你結束你的覺察振動療法進程後，你是否感到放鬆與平和呢？

覺察振動療法同時療癒了治癒者和請求療癒的人。你和你的伙伴應該都會感到更寧靜且更安詳。**放鬆是身體對純粹覺察的療癒存在所做的反應，而平和則是純粹覺察在心中的反映。**

施作覺察振動療法後的注意事項

記得確保你的伙伴感到舒適，覺察振動療法經驗可能會讓某些人有點迷失方向。突然湧現的純粹覺察，或許會將他們暫時帶離這個世界，在療法之後，他們可能需要時間讓心智和身體重新適應此時此地。

如果發生這種情況，通常只會持續幾分鐘。

給你的伙伴空間，等待他們準備好重新開始。

有件事你可以指望，那就是在覺察振動療法進程之後，你的伙伴會在接下來的一、兩天持續得到療癒。

如果你在第一節結束後的二十到三十分鐘進行第二次後測，你幾乎每次都能發現，隨著問題持續治癒，伙伴的疼痛程度愈來愈低。設法確保你的伙伴輕鬆地從覺察振動療法進程過渡到更積極的生活形態，這樣更能讓療癒過程暢行無阻地持續進行。

覺察振動療法同時療癒了治癒者和請求療癒的人。你和你的伙伴應該都會感到更寧靜且更安詳。

偶爾——尤其是在延展覺察振動療法進程後，你的伙伴可能需要更多時間調節、適應新的身體，也可能會疲倦或放鬆到讓他們一動也不想動。在這種情況下，請盡可能地確保你的伙伴能得到足夠的休息。

前述情形意味著他們釋放了大量的身體及情緒壓力，而調節適應或恢復疲勞的最便利方式就是短暫的歇息，畢竟，休息是全體適用的療癒方式，而最深度的休息就是純粹覺察。

調節適應或恢復疲勞的最便利方式就是短暫的歇息，畢竟，休息是全體適用的療癒方式，而最深度的休息就是純粹覺察。

如果你的伙伴無法在那時躺下放鬆，那就建議他們當天晚上早點睡覺。然後他們會在一個明亮的新世界醒來，並且擁有額外的活力能量。

進行後測的最佳時間，是在完成覺察振動療法且伙伴穩定後立刻就做。請你的伙伴再一次用一到十的量表，評分自己的病症或不舒服的程度。比如說前一章提到的案例，你可以讓你的伙伴就先前的活動範圍再次動動肩膀，然後請他像之前那樣評分疼痛和肌肉緊繃的程度。

在學習覺察振動療法的早期階段，你絕對需要這樣的回饋，這對你的伙伴也有好處，因為這能讓他更客觀地觀察自己身上發生的療癒。

覺察振動療法的治癒太過快速且輕易，以致於常常看起來像是什麼都沒發生。因此，後測能讓許多伙伴真正大開眼界。

我永遠都看不膩在進行後測時伙伴臉上的表情，那些讓他們忍受了三十年的疼痛或侷限，在短短的三十秒內就消失不見。

覺察振動療法的治癒太過快速且輕易，以致於常常看起來像是什麼都沒發生。

覺察振動療法每次都有用，但不是永遠都會以你希望的方式作用。那是因為純粹覺察綜觀全局，確切知道療癒應該如何發生。經過一節覺察振動療法之後，症狀幾乎總是立即顯著緩解，如果起初問題看似沒有完全消除，那只是因為身體需要多一點時間來調適。療癒會在接下來幾天持續發生，甚至在幾週後都可以感受到。

有時候，參與工作坊的人在早上接受覺察振動療法後，測量表的疼痛指數卻只見些微下降，然而到了中午休息時間，疼痛就完全消失了——類似情形對我而言並不罕見。雖然實際的療癒會即刻發生（憑藉三角測量期間的純粹覺察），但有些人的身體可能需要更多時間，才能整合這些生理上的修正。關於這方面，稍後我們會再多談一些。

沒有規定指出，你不能回過頭對相同的病症再做一次覺察振動療法。如果你認為有幫助，那就重複覺察振動療法進程。或更好的是，在單一節覺察振動療法期間多做幾次應用。

只要A接觸點保持不動，然後移動B手指到不同區域。或者，如果你願意的話，也可以移動兩根手指，端看當下覺得做什麼最好。

你想執行覺察振動療法多少次，那就做多少次，你不太會造成什麼傷害。但請容我告誡一聲，不要以為愈多愈好，事實並非如此，你應該牢記，一節短短的覺察振動療法就可以處理問題，並能以此做為起點。

在接下來的章節，我將告訴你如何進行「延展覺察振動療法」，但目前，我們盡可能愈簡單愈好。

關於所有意圖和目的，你都已經做到了，然而，剛開始你還在精鍊你的覺察振動療法技巧時，不妨問問你的伙伴幾個問題。找出他在進行覺察振動療法的期間感受為何，或是否有任何其他疼痛隨著最初的不適一起消失，或是詢問他的情緒安適狀況。事實上，你可以問問任何你需要知道的問題，幫助自己更充分地了解覺察振動療法的力量和潛能。

你想執行覺察振動療法多少次，那就做多少次。你不太會造成什麼傷害。

整個覺察振動療法程序應該很愉快。如果你發現自己對指導語感到糾結不已，別擔心，一開始自然會這樣。雖然步驟一步緊接一步，但相較起來，閱讀它們所耗費的精力比實際執行更多。只要放鬆進入狀況，帶著冒險和玩樂感按照指導語執行。每個人都能執行覺察振動療法，你當然也不例外。

雖然這種技術簡單而且立即有效，但畢竟是新的技巧，你在一開始還是需要經常練習。

請記住，好的開始是成功的一半。你在這個階段收集的回饋愈多，你就能愈快地精通覺察振動療法的應用。

在每個人身上練習：你的朋友、家人、鄰居，甚至是你的寵物。不久你也將學習「遠距覺察振動療法」——意思是，你甚至不必在你的伙伴身邊。你可以舒適地坐在自家裡，跟世界各地的朋友和家人一起創造療癒結局。

練習覺察振動療法的前幾次，我建議你和你的伙伴都站著。這麼做的主要原因在於，你可以從伙伴那兒得到更精確的回饋。**尤其是你可以注意到對方是否搖晃，**

這是純粹覺察正在作用的徵象。站姿也讓你更容易觀察對方是否突然深呼吸，這是覺察振動療法正在施展魔法的另一個指標；當他們坐著或躺下，你就不太容易觀察到這些指標。

我也建議你一開始站在伙伴的後方幾步，或至少讓他們無法看見你。離開對方的視線範圍，能讓他們放鬆而不是盯著你看，這跟對方是否治癒無關，無論伙伴的心智狀態為何，覺察振動療法都會起作用，這是為了讓你集中注意並感到舒適，因為有些發起者在剛開始執行時會感到不太自在，若伙伴不停盯著他們的一舉一動，可能會讓他們分心。

> **無論伙伴的心智狀態為何，覺察振動療法都會起作用。**

另一個實踐要點是，你的手指不必放在身體不適的區域。你可以觸摸身體的任何部位，並且療癒任何其他區域，包括內臟。

我曾在書展宣傳我的另一本書《超越幸福》（*Beyond Happiness*），那時有位同為作者的人過來找我。他說他聽聞了我在做某種古怪的事，可以藉此擺脫疼痛。我問他，是什麼正在困擾他。當時我們已經站了好一會兒，他患有關節炎的膝蓋開始發紅、變得腫脹。

我簡單地請他以增加痛感的方式站立，藉此先進行前測。接著，我讓他坐在一箱書上。我不想要俯下身去把手放在他的膝蓋，所以我將手指放在他的肩膀，他立即轉身提醒我，他疼痛的地方是膝蓋。

我向他保證，我正在對他的膝蓋下功夫。

我形成了意圖，開始在他的上肩肌肉進行三角測量。過了不到一分鐘，我請他像先前那樣站立以便測試膝蓋。他照做了，然後（這部分我永遠都看不膩）他的眼睛瞪得好大，臉上浮現出驚嘆的表情。完全不痛了，他回到自己的攤位，賣出的書比我還多。

我的手指接觸的是他的肩膀，但意圖確保了接受療癒的是他的膝蓋。

有時，在好轉之前，疼痛（或其他症狀）會惡化，此時只要向你的伙伴保證，這些都是正常情況。過程中，身體需要為了治癒而短期加重病症。持續進行三角測量，疼痛會迅速地消退。

在極少數情況下，你的伙伴可能會不適到無法繼續，如果發生這種情況，那就停止覺察振動療法進程。或許你可以對另一個問題執行覺察振動療法，或只是安靜地坐著。幾分鐘過後，進行後測，看看病症是否依然存在，如果還在，那就再做一次覺察振動療法。十之八九，疼痛會消解，也不會再出現其他問題。

最後一個重點：**因為你不是在進行任何醫治，所以任何結果都不能歸功於你。這是非常重要的一點**。倘若結果不是你的功勞，你就無法依附結果。你明白我意欲為何嗎？如果你沒有依附覺察振動療法進程的結果，你就能夠接受出現的任何結果。無論超出或不及你的預期，都全然接納覺察振動療法勞動的果實，這樣才能減緩心理上的不協調。

心智沒有不協調，才有能力反映安樂感。而你現在已經明瞭，安樂感是開展療癒的必需品。

> **如果你沒有依附覺察振動療法進程的結果，你就能夠接受出現的任何結果。**

當你產生療癒的意圖時，你反倒會削弱自己創造療癒結局的能力。舉例來說，假如當地的電視臺希望做一則新聞，根據幾個卓越的成功故事簡短報導你療癒的能力。當他們出現時，記者請你對她的消化不良執行覺察振動療法。你認為，自己最好表現得盡善盡美，否則訪談就會顯得很差勁，因此你漸漸產生了十分劇烈的表現焦慮。

因為不希望場面變得尷尬，你趕緊將手指放在A、B接觸點，等待你的安樂感。你全心全意地嘗試消除她的不舒服，同時已經想到自己出現在六點新聞的模樣。你的安樂感無法直擊你的意識，因為你試圖用你的想法進行療癒，而當安樂感沒有現身，你開始更加把勁，一再重複你的意圖就好像你在打鼓那般賣力。此時此刻，你可能也讓她不適，因為你消化不良的心智無法為她提供緩解。

請讓你的伙伴知道，你無法確定療癒會到什麼程度，這樣比較容易開始覺察振動療法進程。你可以說：「我們要接受得到的任何結果。」你也應該提到，不是所有的療癒都能立竿見影，療癒也可能在進程過後的幾天之內持續發揮作用。最後，你可能會想向他補充，有時需要多執行幾次覺察振動療法，結果才會變得更好。

額外提醒

既然你現在知道了如何創造療癒結局，我想我應該審慎地提供一些額外概念，幫助你擴展並加深你的療癒經驗。

例如，我很少論及心理療癒，然而這是覺察振動療法真正大放異彩的領域。但在我們開始以前，或許我該趁此機會重申明擺著的事實：**覺察振動療法可以用於任何一種療癒，也應該永遠都結合（而非取代）合格的醫學治療**。覺察振動療法是傳統健康照護實踐的有力助手，它能增強其他治療系統的努力成果，提高療癒的深度，並大幅縮短療癒所需的時間。若你在求助適當的健康照護人員前就先完成了覺察振動療法，症狀通常會消失，但就算症狀減輕，還是應該要諮詢專業的協助，以確信沒有任何潛在的病因或其他未發現的問題。

覺察振動療法是傳統健康照護實踐的有力助手。

你愈是勤練覺察振動療法，療癒就愈常發生在你自己的生活中。你對純粹覺察的日益熟悉，將會擴散到你的日常生活，讓你體驗做夢都沒想到的滿足程度。只要配備了自己的純粹覺察，無論你身在何處，你都能啟動一個療癒結局。

本質上，你正在學習去愛，但實際上，你無法學習如何愛，因為你就是愛。恆久喜悅與無限的愛無法被創造出來，它們早已存在，若非如此，它們就不會是恆久與無限的。它們正等著被發現。**純粹覺察就是純粹的愛，處於覺察狀態就是無條件的愛在運轉**。每個人都曾聽過，愛可以克服一切。現在，你有機會證明這點。

隨著你持續發起覺察振動療法，你將盡情享受幫助他人的喜悅，並且因為分享這簡單、改變人生的過程而得到他們的感激。目前的你只是觸及了皮毛而已！即將來臨的一切將令你大吃一驚。

第十五章

心理療癒

你一定是在某種程度上深深地失敗了，或經歷了某種深刻的失去或痛苦，才會深受靈性層面所吸引。也或許是你的成功變得空虛且毫無意義，最終成為了一種失敗。

——艾克哈特・托勒

我們向來專心致力於將覺察振動療法應用在生理狀況。效用雖如此卓越非凡，但其實不僅限於此。「情緒覺察振動療法」是用於平息心理傷痛的強有力工具，如同生理的不和諧，心理不協調也可以立即消除。

「情緒覺察振動療法」是用於平息心理傷痛、強而有力的工具。

心理不協調的根源，或許深深埋藏在我們的心智知覺為過去的東西裡。覺察振動療法不承認過去、甚至未來，兩個概念都是錯覺，會將心智綑綁在不斷加深的失序螺旋中，換句話說，時間之流也是在心智中創造出來的。對於過去和未來發生什麼的固著，為心理疾病埋下了種子，而這種子唯有在時間老人的注視下才會萌芽、旺盛生長。

根據量子物理，時間並不會流動。時間之箭指著衰退的方向。這支箭直指著那個方向但不移動，就像是羅盤指針指向北邊但不會往北移動。創造時間錯覺的是我們意識的延伸。

我舉個例子說明：我很喜歡看電影，在這幾個小時裡，我全心全意地投入銀幕上開展的明顯錯覺。當我一踏進戲院，我就把自己的日常生活拋諸腦後。雖然電影不過是光和影的閃動，但它代表我們稱為**真實生活**——就在戲院門外等著我們——的大型錯覺。

移動的錯覺，是當我們的心智在過去和未來之間游移不定時所創造出來的。未來和過去的想法建構出一座心理橋梁，跨越了純粹覺察的永恆現在。我們的意識漏掉了想法之間的純粹覺察，從一個想法輕快地飛到另一個想法，就像看電影一樣。

電影膠捲是個別的影片或畫面串連成長條，而在一秒鐘之內，二十四張靜止畫面飛快地閃過銀幕——這個速度高於我們大腦所能處理的程度，因此看起來就像是靜止畫面在移動，這實在是令人驚奇。我們在完全沒動的地方看到運動，這就是電影產生的錯覺。

我們的意識漏掉了想法之間的純粹覺察，從一個想法輕快地飛到另一個想法。

同樣的，時間也是心智產生的錯覺。

每一個想法就像電影膠捲上的每一格畫面。別忘了，個別想法逃離了純粹覺察，遊走到意識的「銀幕」，而這一切發生得如此之快，以致於它們看起來好像在動，就像是電影的個別畫面會動那樣。

這種移動的錯覺，就是我們所謂的時間。

當我們考慮未來的事件時，我們在時間上是往前移動，而當我們探訪我們的記憶時，我們在時間上是向後移動。無論往前或往後動，所有運動都發生在心智中，它不存在於宇宙的任何其他空間。雖然看起來不是如此，但我們的時間、我們的未來和我們的過去，都沒有跟其他任何人共享。

電影放映機按照簡單的原理運作。明亮的白光射穿膠捲，在戲院前方的銀幕上產生畫面。移動膠捲，光線穿透一個接一個畫面，便會在銀幕上創造出移動的錯覺。做為觀眾的我們，心滿意足地觀看演員表演的戲劇，忘了這一切僅僅是明亮光線射穿戲院後方的膠捲所產生的光和影。我們隨著電影哭哭笑笑，彷彿那些錯覺都是真的。

我們的生活就像是一部電影，隨著一個接著一個的想法、一分鐘接著一分鐘、一年接著一年而展開，而身為觀眾的我們，完完全全沉浸在自己這部電影當中的情節。我們憂心帳單、喜愛新房子、看著孩子成長，並且仔細思忖自己的死亡。我們的生活也像電影一樣是個錯覺，全都是光和影的播放。不要誤會我的意思，我們的生活確實存在，但不是以我們所想的方式存在；這樣錯誤的認定，造成令人不堪負荷的苦難，而這種苦難只會一代又一代地加深。

情緒覺察振動療法能當即停止心智游移，使它將注意力放在此時此刻，不讓它過分關注於過去和未來，也不要被罪惡、憤怒、焦慮和恐懼佔據。當我們對心理不協調進行三角測量時，我們就是讓純粹覺察的明亮光線照射其上，這會立即使我們退出電影模式，短暫地離開銀幕，然後坐上觀眾席。

這時我們可以做為觀眾，帶著療癒的沉著，清澈地觀察不和諧的情緒和事件。我們的人生電影如從前一般繼續演出，但不再受那些有害、折磨人的情緒所影響。

情緒覺察振動療法如何作用

消除心理的傷痛就跟消除生理的疼痛一樣容易，或許還更容易。你無須知道是什麼造成伙伴的情緒痛苦，事實上，我強烈建議你讓伙伴保守自己的情緒憂慮不要說出口。這樣的做法在兩方面很重要。首先，它讓你的伙伴保有相當的隱私，以致於樂於接受、甚或感激，尤其是如果他們對你不熟識，或如果他們不想要公開自己的內心世界。第二，你因此免去了處理其他人的情緒，因而比較不會造成你自己的情緒負擔，或至少，這麼做還可以節省你的時間。

情緒覺察振動療法十分安全，它不屬於任何一種治療法。它也不需要分析或訓練，因為發起者沒有做任何事。覺察振動療法的完成，憑藉的是伙伴將自己的情緒不協調地浸淫在純粹覺察的療癒之水。發起者只是啟動這個過程，僅此而已。你不需要把自己攪進原始情緒的洶湧海浪，那部分就留給專業人士來接手。

消除心理的傷痛就跟消除生理的疼痛一樣容易，或許還更容易。

說到專業人士，如果你是訓練有素的精神科醫師、心理學家或心理治療師，你可以在執業中非常有效地使用情緒覺察振動療法。你可以考慮在第一次前測後，立刻進行情緒覺察振動療法。

覺察振動療法能不太費力地消滅許多痛苦的初始來源，之後你就可以用比較傳統的技術專心處理其他問題。

情緒覺察振動療法也能對複診患者發揮神奇的效用，它有時能幫助突破長年存在的障礙，加速整體的療癒過程。

我曾有位伙伴是擁有二十五年經驗的心理學家，我只需要幾分鐘，就能對她啟動改變人生的變化。她從孩提時代起，一直背負著創傷經驗，雖然在自己的職業生涯中，她跟相當多治療師一起從許多不同的方向探詢了解決之道，但她還是無法克服那些困擾。

六年多前，我對她進行了短短幾分鐘的情緒覺察振動療法，直到今日，她的情緒都不再受到這個問題困擾。問題不再回來了。

憑藉情緒覺察振動療法所發生的療癒經久不變，然而，**恐懼是產生其他所有情緒的基本情緒**。

或許你還記得，當自我看似斷開純粹覺察而具備個人身分時，就創造出了恐懼。無論你的伙伴在經歷的是憤怒、焦慮、內疚或悲傷都無所謂，**這一切的本質都是害怕與純粹覺察分離**。

憑藉情緒覺察振動療法所發生的療癒經久不變。

情緒覺察振動療法用完滿淹沒恐懼，將自我帶回到母親的懷抱。記憶仍然是覺察的漣漪，但削弱人心的情緒已沒入了至福之海。

如何應用情緒覺察振動療法

首先讓你的伙伴明瞭，你無須知道他的心理傷痛。向他說明進行療癒的是純粹覺察，而你只是啟動了這個過程。他可以不用說出自己的情緒問題。

請他仔細回想引起痛苦的事件，如果沒有明確的事件，那就請他自行辨認情緒。鼓勵他讓自己的情緒強烈顯現。

當情緒已不再益發強烈時，請他在一到十（十是無法忍受）的量表上評分自己的情緒不適程度。記下他測量的數字。

請像你用覺察振動療法消除生理問題時那樣進行（參考第十三章，再讀一次「三角測量：覺察振動療法步驟過程」那一節）。

當你完成這節覺察振動療法，給你的伙伴一些時間適應。**相較於應用在身體不適的覺察振動療法，情緒覺察振動療法有時可能需要更多時間**。一旦你的伙伴做好準備，請他提出原本的事件，再一次用一到十的量表評估這個事件的影響。在此一時刻，伙伴通常表示他們甚至無法想起任何的情緒！或者他們會說：「我試了試，但我能評的分數只有一或二分。」你可以發現，他們的臉部肌肉已經放鬆，而他們的聲音聽來寧靜。

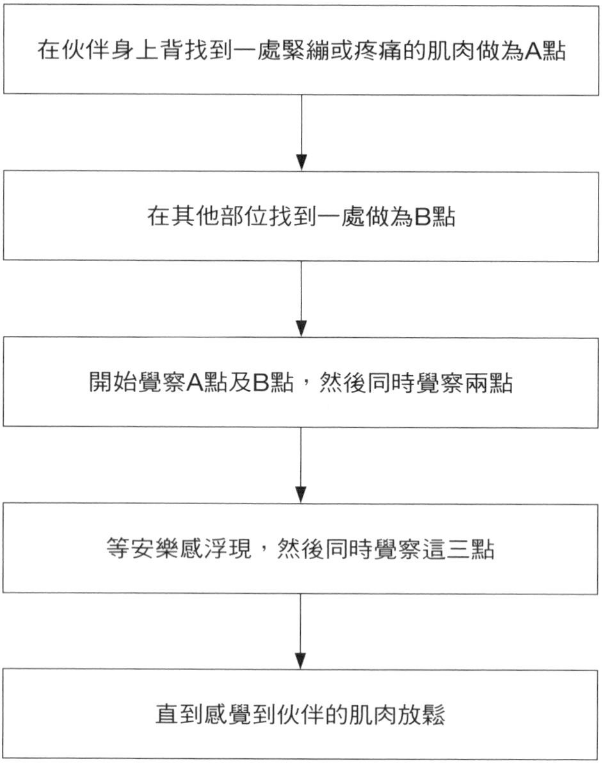
在伙伴身上背找到一處緊繃或疼痛的肌肉做為A點
在其他部位找到一處做為B點
開始覺察A點及B點，然後同時覺察兩點
等安樂感浮現，然後同時覺察這三點
直到感覺到伙伴的肌肉放鬆

情緒覺察振動療法的應用步驟

即使一個人不知道不舒服的情緒所為何來，情緒覺察振動療法都能立即消除它們。無須有意識的察覺，純粹覺察就能夠尋得根源。

偶爾，你的伙伴可能記得引起問題的事件，並且在進程中提及——當他們發現深埋的童年創傷時，特別會出現這樣的反應。不要太過強調這點。如果他們願意，請他們繼續保持安靜並閉著眼睛。在你的伙伴拾起這段記憶時，令人憎惡的情緒已被抵銷，因此沒有必要在這方面多花時間。你可能為此感到滿足，因為自己能夠激發伙伴情緒衝突的療癒，而我們動盪的世界也更安定了一些。

即使一個人不知道不舒服的情緒所為何來，情緒覺察振動療法都能立即消除它們。

第十六章

遠距覺察振動療法

知道最多的人了解自己知道的並不多。

——湯瑪斯．傑佛遜

關於覺察振動療法的另一個驚人事實就是，你可以在沒有實際觸碰到對方的情況下為他執行覺察振動療法。

遠距覺察振動療法可以在房間的另一頭執行，也可以在世界的另一端執行。

近期我需要對一位名為伊娃的伙伴進行覺察振動療法，而她住在捷克的布拉格市。若以直線距離計算，捷克共和國距離我的辦公室所在地——美國佛州的薩拉索塔市（Sarasota）——相當遙遠。還是學生的伊娃長久以來都很焦慮，而且永遠感到匆匆忙忙。

我們透過電子郵件溝通，她在信中寫道：「打從我一起床直到我入睡，我都感覺像是自己正在準備期末考。」

我未曾跟伊娃通過電話，我也不知道她看起來像什麼樣。關於她的一切，我都是從電子郵件的文字中得知的。

伊娃希望減輕自己永不間斷的焦慮。她渴望有一種更定向的能量，取代她生活忙亂、飄忽不定的狀態。在某個傍晚，我從薩拉索塔為她執行了覺察振動療法，當時約莫是布拉格的早上四點。第二天早上，當我打開我忠實可靠的老電腦時，伊娃的回應映入我的眼簾。我把她的信件分享在此，其中只做了些微的文法修改，不過我或許也應該去掉一些驚嘆號。

親愛的法蘭克：

我實在是太感謝你的幫助！我想告訴你的是，今天早上起床時，長久以來我第一次有一種「全世界的能量都在我身上」的感受！我的意思是我感到能量充沛、活力滿滿，另外當我今天早上慢跑時，我有了許多的正向想法和能量！因此，一定有什麼地方發生了改變，當時的我很享受這種感覺，直到現在也很享受！

謝謝你！

希望你看得懂我的英文，雖然它不是很完美 ;-)

Dekuji mnohokrat（捷克語，意為「非常感謝」）。獻上來自布拉格的豐沛陽光和問候。

伊娃

> **遠距覺察振動療法可以在房間的另一頭執行，也可以在世界的另一端執行。**

構成伊娃這個實體的東西，就跟構成法蘭克這個實體的東西相同。純粹覺察不受限於時間或空間，它無所不在，無時無刻都在，**唯有我們有限的概念、我們的**

「小我」會創造時間並侷限空間。藉由知覺我們有多麼相同——而不是多麼不同，我讓伊娃這個實體產生了療癒結局。同一性就是純粹覺察。

當你實踐覺察振動療法時，你從終極同一性出發，直到在彼此各自不同的世界中達成療癒的變化。

藉由知覺我們有多麼相同、而不是我們有多麼不同，我讓伊娃這個實體產生了療癒結局。

在量子物理學中，這樣遠距離的瞬間互動稱為「糾纏」（entanglement）。然而，糾纏傳送訊息的速度無法比光更快，傳送給伊娃的療癒訊息是否快過光速，我也不好說。雖然這是個很有趣的議題，值得深入討論，但它遠超過本書的範疇，跟我們在此的目的一點都沒有關係。

總之，療癒訊息不知怎麼的找到了遠在八千公里之外的伊娃家門，而且無須中途停下來問路（這對我來說已經是夠好了）。

全世界有成千上萬的人僅僅閱讀了你手中的這一本書，就異常成功地對他們的朋友、家人，甚至完全陌生的人執行覺察振動療法。其中許多人閱讀的是翻譯成他們語言的文字，而覺察振動療法依然有作用。

為了方便起見，多數的覺察振動療法進程都是以遠距進行，而你很快會發現，這些發起者都能夠從容地進行覺察振動療法。

如果你發覺自己難以相信遠距覺察振動療法，也不用太過擔心。無論你認為它行不行得通，你還是能夠做到。覺察振動療法是科學上可被重現的程序，它是真真實實的，不需要信仰就能夠起作用。

倘若你還是不相信，那就問問任何因接受了覺察振動療法而不再疼痛的寵物，問問牠們在治癒之前，是否有人問過牠們相不相信覺察振動療法。

覺察振動療法是科學上可被重現的程序。它是真真實實的，不需要信仰就能夠起作用。

如何進行遠距覺察振動療法

實踐遠距覺察振動療法時，你就像其他形式的覺察振動療法一樣進行三角測量。步驟大致相同，只需做些微調整。缺乏實體伙伴這點的確必須加以彌補，但學習遠距覺察振動療法，比學習其他那些需要伙伴的活動要容易太多了——不知怎麼的，這讓我想到了跳探戈，總之……以下提出幾點建議。

利用代理人

代理人是代替者，也就是代替你的伙伴的某個人。任何有體溫的身體都可以，你的配偶或小孩、送報生、坐在隔壁的同事……只要對實際存在的代理人執行遠距覺察振動療法，就好像不在場的那位伙伴正站在你的面前。**請確保你的意圖包含了不在場伙伴的姓名、影像或念頭**。

你也可以用寵物做為代理人。動物往往能擔任好替身的角色，因為牠們不會問問題。牠們習慣了主人的奇怪行為，只要做完一節後給點零食，牠們大概都會心甘情願服從。

如果你唯一的寵物是條餓過頭的食人魚，雖然不可否認地，你或許手腳得快一點，還要事先備好一盒ＯＫ繃，但好處是牠在進行覺察振動療法期間就吃到零食了，而不用等到做完。

第三種代理人可以是娃娃或填充玩偶。實際上，你甚至可以在一張紙上畫圖，然後直接使用它，或者只在上頭寫下伙伴的名字即可。這些替代物都能好好地作用，不妨試上一試，你會得到意外的驚喜。

發揮你的想像力

如果你的想像力很活躍，你可以在腦海中想出伙伴的心像，然後在心裡看著那個影像做三角測量。你的手指實際上沒觸碰到任何東西，所以你也必須想像自己碰到了東西。你該如何知道停止的時機？你會感到手指下有放鬆或變軟的感覺，就像你實際上觸碰伙伴時的感覺那樣。

進行想像覺察振動療法的方法有兩種。你可以想像自己在伙伴的身邊，觀想你在應用遠距覺察振動療法時，他正坐在他心愛的椅子上。另一種方法是想像你把伙伴帶到了你身邊，當你施展你的魔法之際，他就在你的面前，或者你可以想像你們在任何你喜歡的地方碰面。**唯一能限制你的，只有你的想像力！**

試試空氣覺察振動療法

你有沒有聽過空氣吉他？站在鏡子前面假裝自己正握著一把想像的吉他，想像自己瘋狂地撥弦、彈奏並旋轉扭動身體。

簡單說，空氣覺察振動療法差不多就像那樣。想像你的伙伴在你面前站著或坐著，無論你要張開眼或閉上眼，完全由你自己決定。

現在，實際開始你的動作，伸出你的手指，放在不存在的伙伴身上。你就當做你的伙伴在現場，進行你該做的一切，只是進行過程中，小心你的另一半出奇不意的經過：「露西，妳得好好解釋一下！」（「Lucy, you got some splainin` to do!」引用

<table>
<tr><td rowspan="3">利用代理人</td><td>有體溫的替代人
發起人的配偶或小孩、外送人員、隔壁的同事……
須確保意圖包含了不在場伙伴的姓名、影像或念頭。</td></tr>
<tr><td>寵物
動物往往能很好地擔任替身，因為牠們不會問問題。</td></tr>
<tr><td>娃娃或填充玩偶，甚至在紙上畫圖示意，或者只寫下伙伴的名字也可以。</td></tr>
<tr><td rowspan="2">發揮想像力</td><td>想像你就在伙伴的身邊，而他就坐在他喜歡的椅子上。</td></tr>
<tr><td>想像伙伴來到你的身邊，就在你的面前。不論是張開眼或閉眼，想像你的伙伴就在你面前站著或坐著，而你實際動動身體、伸出手指，開始操作覺察振動療法。</td></tr>
</table>

遠距覺察振動實體伙伴的替換方案

自美國情境喜劇《我愛露西》，女主角露西是美國人，她的丈夫是古巴人，劇中很常因丈夫發現露西偷偷摸摸不知在做什麼，所以厲聲說出這句話。古巴籍丈夫會把 explaining 發音為 splainin）。

遠距覺察振動療法是你設法進行你所需的各種覺察振動療法練習的絕佳方式。我每天睡前都會做一節覺察振動療法，對象也包含患有慢性或致命疾病（例如阿茲海默症和癌症）而需要持續照護的伙伴。

起初認為覺察振動療法很古怪的朋友，現在經常會打電話來要求進行遠距覺察振動療法。

我最小的女兒在當警察，她工作的地點是個經濟不景氣且犯罪猖獗的城市。她總是會遇到各式各樣的混戰。

我已不再驚訝聽到她打電話來說：「嘿，老爸，我把一個吸食毒品的女人抓上警車時，她咬掉了我腿上的一塊肉。今晚可以幫我做做覺察振動療法嗎？」或「我在追捕逃犯時又拉傷了肩膀，可不可以幫我處理疼痛和活動範圍受限的問題？」

啊，這真是為人父母的一大樂事！

藉由練習，你很快能夠隨時抽空進行遠距覺察振動療法。我甚至曾在伙伴向我描述問題的同時便做了覺察振動療法，他們才剛解釋完自己的問題，疼痛就已經消失。如此接近富有創造性的力量並親眼看見它的神奇效果，實在是太棒了。唯一的限制是我們未覺察的心智……覺察振動療法也能解決這一點。

如何對自己執行覺察振動療法

其實你已經知道，如何在自己身上施展覺察振動療法的奇蹟。只要選擇一個剛剛描述過的方法，然後應用在自己身上。當然，如果你想實際用在自己的背或其他手摸不到的部位，在家練練《折來折去：關節無比靈活的瑜珈大師》（此為作者開玩笑而編造的書名）可能會有幫助。但請記住，**你無須真正觸碰到受影響的區域**，如果你感到疼痛的地方是背部中間，你就算在膝蓋或胸腔進行三角測量也同樣會有效。你也可以考慮利用先前提到的遠距覺察振動療法技術之一。

覺察振動療法實踐者詹姆斯發現了遠距覺察振動療法對自己的瑜珈練習非常有幫助。他說明了自己是如何進行的：

「自從學了覺察振動療法，我在練習瑜珈時都會對自己用上它。我發覺，自己在練瑜珈時體位（姿勢）可以更深入，而且更快進入靜止或靜止點意識。我不是用我的手在身體進行三角測量，而是用覺察來連結這三個點。然後我只需要放鬆，進入純粹覺察幾秒鐘。接下來，我的身體似乎恢復精神、變得輕鬆而且更強壯。覺察振動療法的應用可以施作於任何情況，還有助於更快認出從有限身心意識到無限純粹覺察之間的轉換。」

覺察振動療法的潛力只受限於你的想像力。擴展和成長是人的天性，戴上你的覺察振動療法眼鏡，仔細地環顧四周。多方嘗試並玩一玩不同的點子，最重要的是要好好享受、玩得開心。

覺察振動療法的潛力只受限於你的想像力。

動物和無生命物體

因為覺察振動療法取自於最基本且無所不在的純粹覺察，所以應該也對動物、甚至無生命的物體有作用。

確實如此！它沒有你以為的那麼奇怪。我們確實會對寵物投藥或施以脊骨矯正，然而，當論及所謂的無生命物體，我猜，如果有人試圖將一罐紅牛倒進死掉的汽車電池中好讓它恢復生機，這種想法就會讓人覺得有點太過牽強了。

我之所以用「所謂的」無生命物體這個詞，那是因為天地萬物在最微細的層次都是與生命共振，就終極的意義來說，沒有什麼是無生命的，因為在最微細的振動裡存在著它的原因——純粹覺察。

因此，如果想要搞定沒電的汽車電池，覺察振動療法甚至比紅牛便宜，而且還不用回收罐子。

就終極的意義來說，沒有什麼是無生命的。

我們的工作坊曾有位結業生說道，有天他的汽車電池完全沒電了。經過幾次轉動鑰匙嘗試發動車子卻徒勞無功後，他決定對電池試一試覺察振動療法。汽車突然啟動，接著引擎發出轟隆隆聲。

當他把車開到修車廠時，修車師傅說問題確實出在電池。他大概沒有向修車師傅提到，他使用的跳線電纜其實是他自己的手指。

覺察振動療法的影響涵蓋一切，其中甚至也包括家電用品。有個創意十足的覺察振動療法執行者分享了一個我很喜歡的故事：

「我想跟大家分享，參加工作坊之後我個人的覺察振動療法經驗。星期天早上我飢腸轆轆地起床，所以我對我的飢餓應用了覺察振動療法。然後飢餓感消失，但我還是決定幫自己打一杯果昔。就在我正要開始打果昔時，果汁機的馬達動不了了，它完全一動不動。因此，我決定對果汁機應用覺察振動療法。我對它執行了幾秒鐘……一開始絲毫沒有動靜，我接著又再試了一試，這次我對結果不抱任何期待。但它起作用了！果汁機恢復正常，我也得以好好享受我的果昔，同時全然拜倒在這次的覺察振動療法體驗。跟我一樣熱愛果昔的室友，對於我在每次使用果汁機前都能順利制伏它感到十分訝異。」

請記住，**你的伙伴不一定要相信這種療癒方法就能得到結果**，他甚至不需要知道你正在進行什麼。因此，誠如我先前所提到的，動物對覺察振動療法的反應往往出奇地好。

請對寵物的問題應用覺察振動療法，甚至對惱人的有害動物（像是熱情過度的浣熊或煩人的熊）也能用上一用。

這裡有個不錯的例子：

近期有家在地的瑜珈中心，為另類療法書籍的暢銷作者舉辦了簽書會。那時冷氣出了問題，所以得撐開大門讓空氣流通。幾隻又大又黑的蒼蠅無視簽書會，逕直飛向點心桌上的那一大鍋雞湯。中心主任羅伯快速鑽進冥想室，對這些小蟲子們「做了覺察振動療法」。

當他幾分鐘後再度現身時，只剩下一隻蒼蠅嗡嗡地飛來飛去，而當那隻蒼蠅瞧見羅伯從鄰近房間出現時，牠也迅速地離場了。

動物對覺察振動療法的反應出奇地好。

食物也為有創意的覺察振動療法執行者提供了另一個探索領域。可以考慮在你往體內送進食品雜貨、水和保健食品時應用覺察振動療法。你的意圖可以是增強有益成分或排除毒素，也可以是在吃飯以前促進消化和吸收。如果你在用餐之前禱告，那就在你禱告結束時加進覺察振動療法，這樣一來，禱告成了你的意圖，覺察振動療法會帶著那個意圖，將之置於純粹覺察所行的各處。

第十七章

延展覺察振動療法

喜樂不存在物質中，而在我們心中。

——理察・華格納

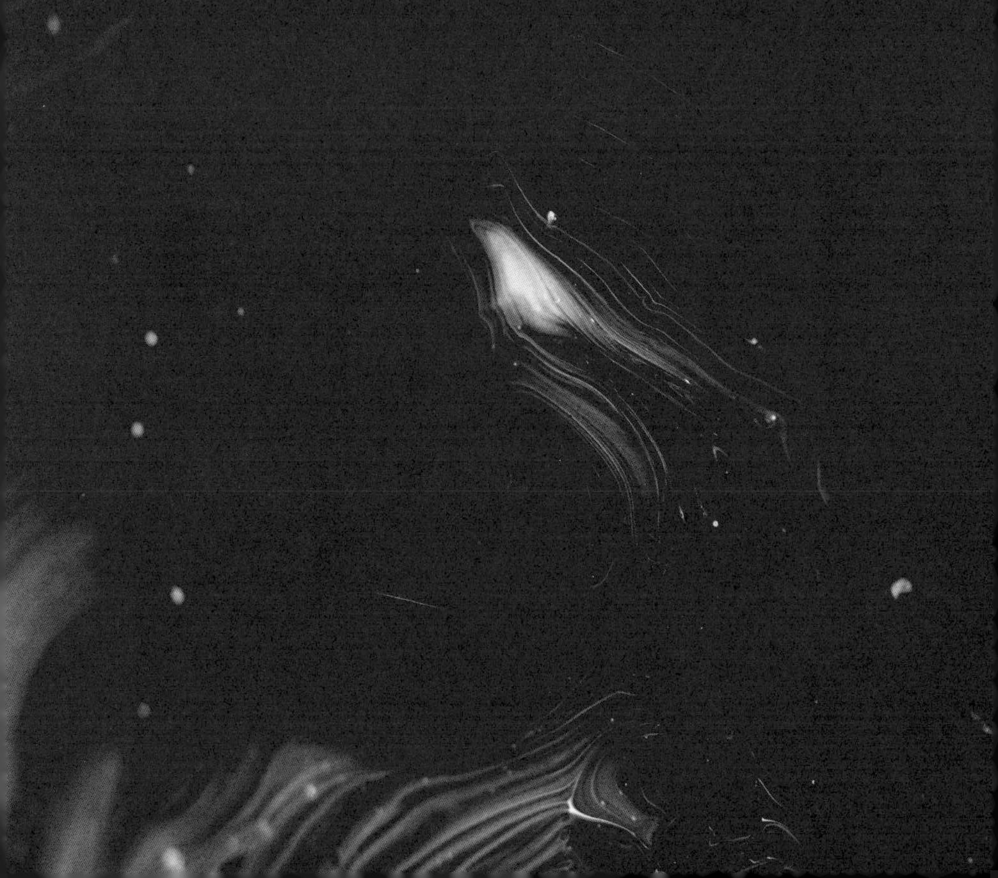

延展的覺察振動療法，對於存在已久或危及生命的健康問題（例如糖尿病、心臟病、阿茲海默症或癌症）非常有用，它對舒緩或療癒深層的情緒衝突也特別有效。如果進行覺察振動療法幾分鐘或幾次嘗試之後疾病沒有任何反應，那麼就該考慮進行延展覺察振動療法。

延展的覺察振動療法，對於存在已久或危及生命的健康問題非常有用。

誠如名稱所指，我們是在延展覺察振動療法的慣常時間，從而深切地提升伙伴獲得的益處——發起者的益處也同樣會獲得提升。

執行延展覺察振動療法時，汽車、群星、人們，甚至空間等尋常世界，都在純粹覺察的深度中變得過度飽和，以致於純粹覺察變得幾乎實體可觸，像是一種充滿生氣的煥新治療軟膏。

幾年前，當我剛開始發展覺察振動療法時，我受邀跟馬克午餐，他是我的舊識，同樣也是整脊師。他說他想請我幫個忙，所以我一抵達餐廳，就帶著些許期待走向他坐的桌旁。

當我看著他向來炯炯有神的棕眼時，我看到了深切、消沉的悲傷。我們先是打了招呼，互相寒暄了幾句，還聊了聊同事們最近在做些什麼。

各自點完餐之後，馬克變得愁眉不展。他起先說了說話，話沒說完就停了下來，然後低頭垂眼。

我等待他繼續說。

他抬起頭，淚水在眼眶中打轉。我看著他，點頭示意，鼓勵他繼續說下去。

於是他接著說：「我的太太已經抗癌一年多了。她一直非常努力，但昨天她進了醫院。她有兩顆惡性腫瘤，一個核桃大小的在子宮裡，另一個在肝臟，已經有葡萄柚那麼大。她可能再也無法回家了。」

「我知道你一直在從事某種信仰療法或冥想之類的事，我想問問你，能不能幫幫吉莉。」

我從來沒見過他的太太，但我同意那天晚上到醫院去拜訪她。我請馬克問問護理師，可不可以讓我跟吉莉獨處一個小時。我也希望在我計畫探視的最後六十分鐘裡，沒有任何家人在場。

他同意了。

我們安靜地結束了這頓午餐，然後我回去看下午的病人。

那天晚上，我跟馬克在他太太的病房外碰面。

他告訴我，護理師多多少少有點抗拒，認為我會做出什麼古怪的舉動，但他們還是同意了給我們需要的時間。我在她的病房外停了一下，然後推開沉重的門，走進那個陰暗、慘澹的地方。

我最先記得的是氣味。那不是死亡的味道，而是垂死的氣味，我實在無法描述，但這氣味透入心中、潰擊靈魂。我進來時吉莉正睡著，她看起來很瘦弱，一頭金髮披散在她的枕頭上。

我沒有吵醒她，而是立即開始進行延展覺察振動療法。

不到五分鐘，有位護理師進來量了量吉莉的生命體徵，移動了幾樣東西然後離開。過了十分鐘，她又回來了。然後再過十分鐘，另一個人毫無緣由地打斷我們，只是為了確保一切正常——剎時，我還以為自己無意中發現了神奇咒語，竟可以在繁忙的醫院中憑空召喚護理師出現。

我結束了跟吉莉的一小時會面，期間她醒來過幾次，但隨後又重新陷入斷斷續續的睡眠。雖然馬克事先跟她說過我會來，但我不認為她認出了我或察覺到我前來的任務。

第二天晚上我又來到病房，護理人員還是重複十分相似的事，但吉莉比較警醒，在這一小時當中，我們有過幾次簡短的交流。儘管一再受到干擾，但在覺察振動療法進程的多數時間中，我還是能夠保持純粹覺察。離開時，我感到更輕鬆，也以某種方式受到啟發。

第三天晚上當我抵達的時候，吉莉的病房門上貼了一張手寫的紙條，上面寫著「請勿進入」，底下署名的是當晚值班的護理長。

我的第一個念頭是，充滿敵意的員工因為對於非對抗性、另類療法的無知而打算攆走我。我覺得這種偏見會傷害他們的患者，不應該就此吞忍。於是我大步邁向護理站，語帶激昂地詢問道：「為什麼我不可以去見吉莉？」

護理師的答案著實讓我嚇了一大跳。

她親切地笑著說，那張紙條是為了我和吉莉好，貼在門上才不會讓其他人進來打擾我們。

她告訴我，所有輪班的護理師都看見了吉莉驚人的變化。他們不曉得是不是因為我的所作所為讓吉莉產生了這種變化，但無論如何，他們向我保證，我在房間的時候不會有人來打擾。他們真的說到做到。結果是，真正有偏見的人只有我。

接下來的每個晚上，在我結束自己的看診之後，我都會到醫院繼續對吉莉執行延展覺察振動療法。

她的病房終於不再有死亡的感受和氣味。她比以前更有精神，雖然我們只以簡短、輕柔的措辭偶爾交談，但我們開始發展出知曉內心的非語言羈絆。

經常且持續地實行覺察振動療法，對我也相當有益處。我發現自己生命中的平和及悲憫之情愈益增長。我感到自己正以某種方式日益茁壯，逐漸意識到某種不朽，不再害怕死亡帶來的恐懼。

第八次造訪的隔天早上，我接到了馬克打來的電話。他跟我說，那天晚上我不必去醫院看他的太太，因為她出院了。他興奮地解釋說，她子宮裡的腫瘤已經消失，而肝臟那顆葡萄柚大小的腫瘤現在只剩核桃大小。

我問他，是否希望我去他們家繼續進行延展覺察振動療法，他的回應是吉莉希望我休息一下。吉莉說，現在起她可以自己處理。

不再受到病床約束的吉莉，全心全意地投入了她的家庭。我被當成他們家中的一分子，也參與了幾次家庭聚會，但我們漸漸失去了聯絡。

經過一段時間，癌症悄悄地復發。

我提出再用一用我們的覺察振動療法進程，但吉莉拒絕了。她的話讓我很驚訝，但她的聲音讓我明白現在的她很平安。不久，她在親人的陪伴下，在家中安靜離世。馬克之後告訴我，吉莉相信她的「第二人生」是天賜的禮物，也是她在這個世上最幸福的一段時光。

延展覺察振動療法出乎意料地強而有力。特別重要的是應謹記這點：純粹覺察知道需要做些什麼。因為這是人的天性，在處理威脅生命的狀況時，我們會感到需要更強的渴望和更多的努力，但我們很容易就忘記，我們只是帶有簡單意圖的發起者，僅此而已。

療癒可能會發生、也可能不會發生，這已不在我們的掌控之中。

延展覺察振動療法出乎意料地強而有力。

即便狀況嚴重，也不會需要更強的意圖或更多的努力，所需要的僅僅是簡單的純真，再無其他。

如何進行延展覺察振動療法

延展覺察振動療法進程可能持續五分鐘到一小時不等。我所做的延展覺察振動療法大多都是二十分鐘左右，不過有需要時，我會加長或縮短時間。

開始進行延展覺察振動療法的方法，完全就像做一兩分鐘的普通覺察振動療法一樣。我喜歡從站著開始，然後過了幾分鐘請我的伙伴坐下。也可以躺下來做延展覺察振動療法——尤其是當你的伙伴生病時。

延展覺察振動療法有些微小的差異需要注意。

開始時，保持你的接觸點，等待你的安樂感。一旦出現最初的放鬆或消解的感覺——亦即普通覺察振動療法結束的信號，還請繼續保持你的安樂感。你可能會忘記察覺自己接觸的手指，完完全全專注於你的安樂感。你的心會時不時地游移，當你意識到自己的心不在此，只要再次察覺你的安樂感。

你原始的安樂感很有可能會產生變化。你最先體驗到的安樂感或許是靜止與平和，然後至福、喜悅，甚至狂喜才陸續登場。無論出現的安樂感是什麼，只要察覺它就好。

每隔幾分鐘，當有念頭來襲時，將你接觸的手指從伙伴身體的這個部位移到其他部位。**延展覺察振動療法的常見接觸位置是前額、太陽穴、心臟和心窩，但身體的任何適當區域都可行**。一當你的手指找到新的位置，就請再次回到你的安樂感，在接下來的幾分鐘安適於此。

在療程延長的期間，你可以偶爾重述或改述你的意圖，這能讓你的心智保持精神奕奕和狀態良好。你也可以用**內觀**，自然地觀看你作用中的意圖。或許你知覺到關節逐漸痊癒或肺部張開接收賴以維生的空氣，或許你也看見或感到其他的療癒力正在作用。

請不要涉入其中。

無論你看到什麼，都只要旁觀讓它自行開展。純粹覺察的療癒脈衝升起和成形時，你可是在搖滾區就近觀看。你是純真的觀察者，看著創造和再造。你無法做些什麼來改進它。能夠知曉此時此刻是特別的，你很幸運可以做為安靜的見證者。

你或許會看見幾何符號或抽象的能量，在你和伙伴的身體裡流動和旋轉。或許你看見天空打開，金光灑落在身上；又或許是天使歌唱和吹著號角，預示療癒即將到來。

那你該做什麼呢？

只要全然心領神會。不要捲入這一切所涉及的符號和症狀，只要處於當下，享受純粹覺察不斷增長的療癒存在。

延展覺察振動療法結束後，請至少留兩、三分鐘，讓你的伙伴睜開眼回歸日常的活動。兩三分鐘是最基本的，他們可能需要整整五到十分鐘，甚至需要在結束之後躺下來。

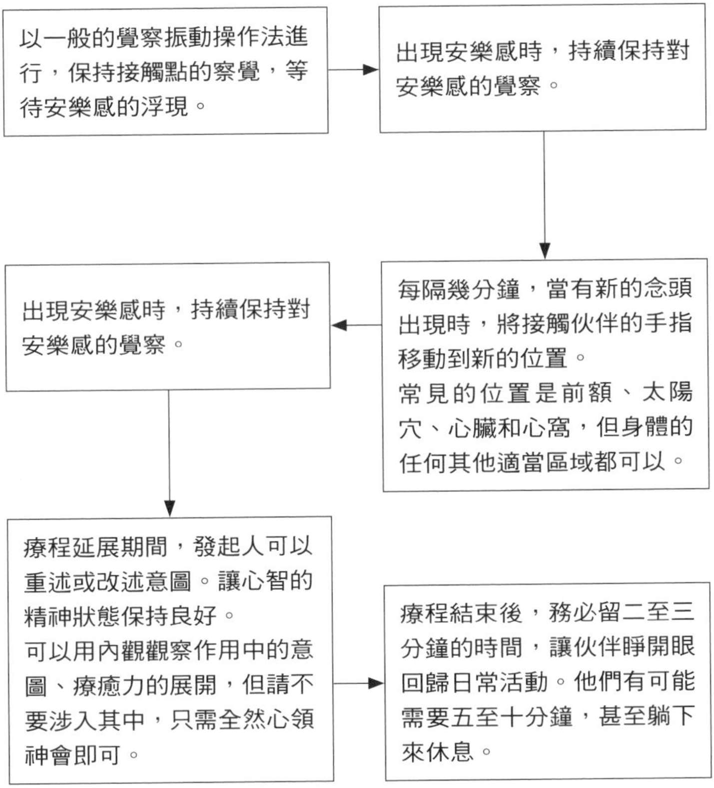
以一般的覺察振動操作法進行，保持接觸點的察覺，等待安樂感的浮現。
出現安樂感時，持續保持對安樂感的覺察。
每隔幾分鐘，當有新的念頭出現時，將接觸伙伴的手指移動到新的位置。
常見的位置是前額、太陽穴、心臟和心窩，但身體的任何其他適當區域都可以。
出現安樂感時，持續保持對安樂感的覺察。
療程延展期間，發起人可以重述或改述意圖。讓心智的精神狀態保持良好。
可以用內觀觀察作用中的意圖、療癒力的展開，但請不要涉入其中，只需全然心領神會即可。
療程結束後，務必留二至三分鐘的時間，讓伙伴睜開眼回歸日常活動。他們有可能需要五至十分鐘，甚至躺下來休息。

延展覺察振動操作步驟

> **能夠知曉此時此刻是特別的，你很幸運可以做為安靜的見證者。**

務必要讓他們知道，如果他們在之後感到疲倦，那就應該好好休息，晚上也該好好地睡一覺。

就跟較短的覺察振動療法進程一樣，在延展覺察振動療法期間開始的療癒，會在之後持續個一到兩天。偶爾，你的伙伴在第二天可能感到疲倦或情緒激動，這是非常深層的療癒正在發生的跡象，請你的伙伴盡可能地好好休息、好好飲食，並且做些輕微運動。

我的諮商實務非常仰賴延展覺察振動療法，它能顯著有效地淨化情緒和療癒身體。我當然也喜愛它在我身上起的作用。除非我體驗到讓我能穿牆而過或如羽毛漂浮在空中的劇烈轉化，不然我會一直這樣仰賴延展覺察振動療法。但發生那種情況之前（發生時我一定會讓你們知道），對我而言能做到這一切的，就是各樣的覺察振動療法。

第十八章

人性化的世界和平

現在有個關於『太空飛船地球』[1]的重大事實，那就是它沒有附帶說明書。

——巴克敏斯特・富勒

1　Spaceship Earth，為富勒所創造的名詞，用以描述我們所處的星球——地球。富勒認為，地球上的人類都是飛船上的乘客，就像同在一艘飛船上的人員，大家應該同心協力確保這艘飛船（地球）運作順利。

我只想用幾分鐘來謝謝你們停下腳步，花時間聽我娓娓道來。

我仍持續受到你和千千萬萬像你一樣的人啟發，你們都願意敞開心胸，接受不可能的可能性。我希望覺察振動療法對你有用，我也帶著這個意圖，對這本書施作了覺察振動療法。我希望你十分成功，我這樣做並非全然地利他，畢竟，每次你執行覺察振動療法，我都可以受益——更確切地說，整個世界都會得益。如果現在你沒發覺，很快你就會看見。

我的挑戰、同時也是我對你的懇求非常簡單：實踐覺察振動療法，並且將純粹覺察的療癒力量，快速且徹底地散播給你身旁的人類同胞。

做為最接近覺察火光的你，將會收穫最多益處，但每一個人都會因你的簡單努力而獲得獎勵。隨著愈來愈多人執行覺察振動療法，他們每個人都將在生活的方方面面更加成功且充實。

我們怎麼思考，我們就怎麼活著。

「打破常規地思考」，是一句我希望很快就能廢而不用的話，它其實應該是個常態。事實上，不受框架地思考必須變得司空見慣、習以為常，才能確保人類物種的安全與清明。

人類一直為了存活而苦苦掙扎，這早已不是什麼新聞。我們世世代代都一直朝著忘卻緩緩前行。我們創造出每一個不協調想法，都像是將一粒沙子加進我們正慢慢陷入其中的流沙，這當然非常瘋狂不明智。

我們創造出每一個不協調想法，都像是將一粒沙子加進我們正慢慢陷入其中的流沙。

我們全都知道何謂瘋狂不明智：**一再做著相同的事，卻期待不同的結果。我們**

的新世界不會來自文件和宣言，它無法從至今仍主宰人類思想的共同和集體意識中展開，它不會來自外在，而是出自完美覺察等候之地的深處。

現在我知道，說出一個簡單的療癒過程可以讓我們集體倖免於難似乎有點浮誇，但這個說法千真萬確。

並不是過程本身起到了作用，而是源自於我們帶入其中的覺察，也就是覺察施加了終極力量，而你已親自見證了這點。

覺察治癒一切。你愈能覺察，發生在你自身和周遭的療癒就愈多。一切都發生得如此自然、自發且毫不費力。

統稱為人類的我們，只有一課要學：

有所覺察。

我們一直被提醒要**活在當下**。但這句話是什麼意思呢？我們應該停止計畫未來，或放棄我們的記憶嗎？當然不是。**活在此刻就是活在純粹覺察裡**，這消滅了心

統稱為人類的我們，只有一課要學：有所覺察。

理時間，讓心智擺脫「去做什麼」的需要，允許心智反映永恆且完美的秩序。一個覺察的心智是有組織、活力充沛且富有創造力的。

一個覺察的心智是平和安寧的，不會造成傷害。

榮格（Carl Jung）的集體潛意識與更近代的魯珀特・謝德瑞克（Rupert Sheldrake）的「型態場」（morphic field），都在說明關於做為人類的極其重大要點。事實證明，我們不是圍繞著身心漫無目的閒晃的孤立實體，我們與地球上的各個靈魂，都有著無限的親密關係，我們的每一個想法和行動，都會影響其他所有活生生的存在。

思想就像荷電雲，會吸引其他帶有相似電荷的思想。思考類似想法的人愈多，這些意識雲聚集的動量就愈大。這即是謝德瑞克所謂的「型態場」。我們不只餵養了這些型態場，我們也同時受到它們的影響。

可以看出，你所想和所經驗的非常重要。如果你曾經好奇，人為什麼總是重複做著相同的有害行為，你可以在型態場中找到答案。

最強而有力、維持生命的型態場，是由正在經驗純粹覺察的個體所創造出來的。這讓我們得以明白我所提出、關於人性化的世界和平：

做為療癒程序的覺察振動療法具有極大的價值，但這只是冰山一角。即便只有少數人能夠清明地覺察，仍會積極正向地影響每個人的心智和生命，就連那些沒有反映純粹覺察的人都會受影響，沒錯，即使只有一％的人口反映純粹覺察的凝聚性，都可以對周遭環境造成深切影響，然後由此擴散到喚醒整個世界的程度。這不是什麼奇思異想的哲學，而是科學的事實。

打從一九六〇年代初期開始，超覺靜坐（Transcendental Meditation，ＴＭ）組織就論證了百分之一效應。他們能夠證實，就算只有全市人口的一％正在經驗純粹覺察的凝聚性，便能讓犯罪率下降。

為了證明這點，他們帶了一小群ＴＭ實踐者入住城市，而這個團體唯一要做的只有一件事：開始覺察。

根據ＦＢＩ對二十二個城市進行的犯罪統計，這群人能顯著降低的總體犯罪率平均達二十四％！從那時起，一直有許多其他的研究證明，光是聚焦覺察就能讓我們的生活變得更好。

琳恩．麥塔格特（Lynne McTaggart）在她的《念力的祕密》一書中，提出了許多支持這個觀點的殷實可靠科學研究。她甚至還告訴我們，在美國和全世界要創造這樣一波凝聚性能量需要多少覺察的人。準備好聽答案了嗎？

若要為美國的全體居民即刻創造出更健康、更潔淨、更有愛的生活，只需要一千七百三十個覺察的人。若想將安詳和平與興盛繁榮散播到整個世界，只需要八千零八十四個人實踐覺察。我們真真切切地擁有拯救世界的技術——只要伸出手指就能達成。

覺察振動療法程序有力量能局部療癒你的世界，但它的影響力不僅僅侷限在你和你當前的憂慮。當你實踐覺察振動療法時，你舒緩的影響力會立即向外發散，幫助治癒我們所有人的疾病。

一位我不記得姓名的法國哲學家曾說，只是彎腰摘一朵花的簡單動作，就能改

我們真真切切地擁有拯救世界的技術，只要伸出手指就能達成。

變整個宇宙的重心，而這跟你創造覺察振動療法療癒結局，也沒有什麼區別。每一次執行覺察振動療法，你都埋下一顆種子，最終開出最為稀有的花朵。就像在寧靜的池塘裡丟下一塊小石頭，你療癒的撫觸會傳送平和的漣漪，終將輕輕撼動每個宇宙的遙遠彼岸。

每次你創造一個覺察振動療法的療癒結局，你都會讓世界變成更好的地方。覺察振動療法當然不是通往覺察的唯一道路。還有成千上萬條路，可以達成內在平和與外在和諧。

我懇求我們所有人每一天都更能覺察，盡可能地經常覺察。覺察振動療法技巧相當簡單、即時而且有趣，它具有立即的實質好處，也對身體、心智和環境有長期效應。它不需要你特別挪出時間、騰出空間來練習或實踐，你可以在任何時間、任何地點進行。

此外，這種療癒技術不只是要求你保持覺察，覺察振動療法教導你的是，穿越它的完滿、擴展它的深奧，並且在你日常生活中迅速地加以確立。這些優點使覺察振動療法成為僧侶、權貴或撫養三個孩子的單親媽媽的絕佳修行。

請每一天都要盡可能隨時進行覺察振動療法，每天、每天都要進行。你可以單做覺察振動療法，或將它加進其他的自我覺察系統，藉此提升這些系統的效力。請將覺察振動療法加入冥想或祈禱尾聲、商務會議期間、塞在車陣裡的時候，或是兩手抱滿趕著回家準備的晚餐食材、等在「快速結帳」隊伍時。

做做這件簡單的事，然後親眼見證它為你的生活帶來的奇蹟般的轉化。

如果你不相信我所說的可能是真實的，那你必須試著接受挑戰。如果我說錯了，我們人類會讓自己陷入淒涼的窘境，而你也沒有什麼好失去的；即便如此，你還是擁有了十分卓越的工具，可以治癒扭傷、消化不良、心碎之類的情況。但如果我說的沒錯，你將成為最先闖進興盛繁榮與安詳和平的生命之光的人之一。

會阻礙你的只有一件事：「事情不可能如此的信念」。你必須克服的唯一信念，就是阻止你邁出第一步的信念，克服之後，一切就變得很容易了。我想起了路易斯・卡羅的《愛麗絲鏡中奇遇》中，愛麗絲跟白皇后的簡短對話：

（愛麗絲）說：「試了也沒用，一個人無法相信不可能的事。」

皇后說：「我敢說妳沒有做過太多練習。我在妳這個年紀時，總是每天練習半個小時。嗯……有時我在早餐前就相信了多達六個不可能的事。」

我甚至不會要求你改變你的信念，但是**信念不會改變世界，覺察才會**。既然如此，如果你願意，你可以原封不動地保持你的信念，但請開始覺察。覺察會讓你保留有用的信念，也會靜靜地消解對你和他人都沒用的信念。

經常實踐覺察振動療法，維持歡欣的目的感。變成一個初次探索周遭環境的孩子，睜大你的雙眼帶著興味觀看。

在這狂熱世界裡，上一次你屈服於當下的神奇力量是什麼時候？你記不記得躺在草地上，看著雲朵慢吞吞地滑過深藍色天空的歡喜呢？那時的你或許沒有意識到純粹覺察在你心底種下了深刻的平和喜悅感，但現在你已認識了純粹覺察，就讓它的雙臂將你緊緊擁抱。

請隨意自取已經屬於你的東西。療癒你的世界，從而療癒我們的世界，一次治癒一個靈魂。